KLEINE REIHE
GESCHICHTE
DIDAKTIK UND METHODIK

Wolfhart Beck

Historischer Lernort Archiv

Bibliografische Information der Deutschen Nationalbibliothek

Die Deutsche Nationalbibliothek verzeichnet diese Publikation in der Deutschen Nationalbibliografie; detaillierte bibliografische Daten sind im Internet über http://dnb.d-nb.de abrufbar.

Die Kleine Reihe Geschichte wird herausgegeben von Bernward Debus, Bettina Degner, Saskia Handro und Christoph Kühberger

www.wochenschau-verlag.de

Titelgestaltung: Ohl Design
Umschlagbild: Adobe Stock 51462747 / Sergey Yarochkin
Gesamtherstellung: Wochenschau Verlag
ISBN 978-3-7344-1599-9 (Buch)
E-Book ISBN 978-3-7566-1599-5 (PDF)
ISSN 2749-1463
eISSN 2749-1471
DOI https://doi.org/10.46499/1792

Inhalt

1. Einführung

Zugänge zur Vergangenheit

Archive öffnen Zugänge zur Vergangenheit. Im Archiv gelangen wir auf direktem Wege zu den Spuren, die frühere Generationen hinterlassen haben. Sie ermöglichen uns, Antworten auf unsere Fragen an die Vergangenheit zu finden. Sie sind Gedächtnisse einer Gesellschaft, Orte des Forschens, der Geschichtskultur – und des historischen Lernens. Aufgabe der Archivpädagogik und der archivischen Bildungsarbeit ist es, Lernenden diese Zugänge aufzuzeigen, Orientierung in der Vielfalt der historischen Überlieferung zu geben, zur Spurensuche anzuregen und dabei zu begleiten.

Archive in der Wissensgesellschaft

Nur auf einen flüchtigen Blick hin kann sich das Klischee vom Archiv als verstaubtem Kellerraum mit längst vergessenen Urkunden und Akten halten, der in unserer digitalen Welt im wahrsten Sinne des Wortes aus der Zeit gefallen scheint. Das Gegenteil ist der Fall: Als Informationsspeicher mit originalen Datenträgern verschiedener Epochen, den Archivalien, gewinnt das Archiv in unserer Wissensgesellschaft an Bedeutung. Auf der Suche nach verlässlichen Informationen über die Vergangenheit nimmt es eine Schlüsselstellung ein. Archive ermöglichen den historischen Faktencheck. Und zugleich schärfen sich in der kritischen Auseinandersetzung mit den historischen Originalen Kompetenzen aus, die in der heutigen Medien- und Wissensgesellschaft von zentraler Bedeutung sind. Historisches Lernen im Archiv verweist somit immer in unser Hier und Jetzt. Durch den Zugang zum Original ermöglicht es geschichtskulturelle Partizipation und Mündigkeit.

Ziel und Zielgruppen

Ziel dieses Bandes ist es, das Potenzial des Archivs als historischen Lernort auszuleuchten. Er ist aus der Praxis für die Praxis geschrieben und versucht zugleich, archivpädagogische und geschichtsdidaktische Ansätze zu reflektieren und zueinander zu führen. Der Band ist als Einladung zu verstehen, archivpädagogische Angebote zu nutzen und auszuprobieren wie auch die didaktische Diskussion weiterzuführen. Im Fokus steht dabei das Archiv als Lernort für Schülerinnen und Schüler, wenngleich immer mitzudenken ist, dass es ebenso ein Bildungsort für Erwachsene ist. Der Band richtet sich daher vor allem an Lehrkräfte, Referendarinnen und Referendare, Studierende und in der archivischen Bildungsarbeit Tätige.

Aufbau des Bandes

Zu Beginn gilt es, das Archiv und seine Entwicklung zu einem Ort der demokratischen Geschichtskultur und zu einem Lernort nachzuzeichnen, so dass es in den Kontext historischer Lernorte eingeordnet werden kann (Kapitel 2). Im Anschluss daran werden die besonderen Merkmale des historischen Lernens im Archiv genauer untersucht, didaktisch eingeordnet und praxisnah vorgestellt (Kapitel 3). Damit ist der Rahmen abgesteckt, um die spezifischen Herausforderungen wie Möglichkeiten des historischen Lernens anhand originaler Quellen in den Blick zu nehmen (Kapitel 4). Eine Übersicht über archivpädagogische Formate zeigt am Ende die konkreten Umsetzungsmöglichkeiten auf (Kapitel 5), ein kurzer Leitfaden soll bei der Vorbereitung eines Archivbesuchs helfen (Kapitel 6).

2. Das Archiv

Das Archiv als Ort einer demokratischen Geschichtskultur

Geschichte des Archivs

Archive sind nicht immer Lernorte gewesen. Auch öffentliche, frei zugängliche Orte waren sie lange Zeit nicht. Ihr geschichtskulturelles und didaktisches Potenzial entfaltete sich erst in dem Maße, in dem sich das Interesse an dem Vergangenen mit dem demokratischen Selbstverständnis mischte, sich diese Vergangenheit als Teil der eigenen Identität auch anzueignen. Die Geschichte der Archive ist zugleich die Geschichte der Demokratisierung der Archive.

Antike, Mittelalter und Frühe Neuzeit

Archiv meint im klassischen Sinn zunächst einmal den Ort, an dem schriftliche und audiovisuelle Überreste einer Behörde, einer Organisation, einer Gruppe, Familie oder Einzelperson dauerhaft aufbewahrt werden. Dabei haben sich Kontext, Funktion und Aufgabe des Archivs mehrfach gewandelt. Bereits mit der Entstehung von Herrschaftsordnungen und Schriftlichkeit in den Frühen Hochkulturen begann die Dokumentation von Rechten. Der Begriff des Archivs geht auf das griechische Wort archeion bzw. arché zurück, das in der antiken Polis die Regierung bzw. das Amt bezeichnete und dann sehr bald auch den Ort, an dem die Gesetze und Ratsbeschlüsse geschützt aufbewahrt wurden. Die Verortung im Herrschaftsgefüge war damit eine doppelte. Das Archiv dokumentiert Rechte und Pflichten, zugleich bedeutete der Zugang und die Verfügung darüber Macht. Daran änderte sich im Mittelalter und in der Frühen Neuzeit mit der Verwahrung von Besitz- und Rechtsurkunden, Lehnsbriefen und Heberegistern in den Archivschränken der Könige und Landesherren, Städte, Klöster und Adelssitze grundsätzlich nichts. Quantitativ jedoch wuchs mit dem Ausbau der Staatlichkeit die Dokumentation des Verwaltungshandelns in Akten und Aktenregistraturen.

Zäsur mit Beginn der Moderne

Eine erste Zäsur bildeten die Revolutionen und Reformen im Übergang zur Moderne ab dem letzten Drittel des 18. Jahrhunderts. Zum einen verloren mit dem Ende der alten Ordnung, der Bauernbefreiung, Mediatisierung und Säkularisation die alten Rechte und Besitztitel ihr Gültigkeit. Von hier aus begann eine Entwicklung, in der aus rechtssichernden Dokumenten historische Quellen mit einem vorrangig kulturellen Wert wurden. In den deutschen Staaten führte dies zur Bündelung historischer Überlieferung der ehemaligen Territorien in neuen staatlichen Archiven. Zum anderen wurde eine Öffnung der Archive eingeleitet und damit der Zugang zur Vergangenheit ermöglicht. Den Anfang machten die französischen Revolutionäre, als die Nationalversammlung 1794 den freien Zugang der Bürger zum Nationalarchiv beschloss und damit faktisch ein demokratisches Grundrecht auf Einsichtnahme in staatliches Handeln begründete. Die Archive erhielten Lesesäle. Bis zur flächendeckenden Öffnung staatlicher Archive war es gleichwohl noch ein weiter Weg, zumal im 19. und 20. Jahrhundert noch lange obrigkeitsstaatliche Traditionen einer Transparenz für die Bürgerinnen und Bürger entgegenstanden. Aber ein Anfang war gesetzt und führte mit dem im 19. Jahrhundert wachsenden Interesse an der Vergangenheit und ihren Dokumenten zu einem neuen Verständnis des Archivs als Ort historischer Überlieferung und des kulturellen Gedächtnisses. Der Blick auf die Vergangenheit war zunächst durch Historismus und Romantik geprägt, streng nationalstaatlich orientiert und eher exklusiv von der gerade entstandenen Geschichtswissenschaft getragen. Ein sichtbares Resultat waren erste, groß angelegte Veröffentlichungen von Dokumenten aus staatlichen Archiven wie etwa die Monumenta Germaniae Historica (MGH). Die Ausrichtung auf den Nationalstaat und seine vermeintlichen historischen Wurzeln verengte oftmals den Blick auf staatliches Handeln und dessen Legitimation. Das Archiv und seine Dokumente wurden in Kaiserreich, NS-Diktatur und DDR leicht zum Spielball politischer Interessen und ideologischer Instrumentalisierungen. Zeitgleich professionalisierte sich das Archivwesen zunehmend und reflektierte in der entstehenden Archivwissenschaft sein Selbstverständnis und seine Arbeitsweisen.

Zäsur seit den 1970er Jahren

Im Zuge gesellschaftlicher und politischer Pluralisierungen in der Bundesrepublik seit den 1970er Jahren veränderte sich über die Ausdifferenzierung und Demokratisierung der Geschichtskultur die Stellung des Archivs ein weiteres Mal. Gesellschaftliche Teilgruppen stellten neue, kritische Fragen an die Vergangenheit und initiierten die Einrichtung von nichtstaatlichen Archiven als „Gegengedächtnis" (Berg 2016, 62). Archivische Überlieferungsbildung sollte die gesellschaftliche Vielfalt widerspiegeln. Zu den bereits bestehenden staatlichen, kommunalen und kirchlichen Archiven kamen nun Archive von Parteien, politischen Gruppierungen, Unternehmen, Verbänden, Universitäten, Radio- und Fernsehanstalten, der Presse, Literatur und Kunst sowie der Neuen Sozialen Bewegungen und Bürgerinitiativen. Damit einhergehend weitete sich die Öffnung und Nutzung der Archive über den engeren Bereich der Wissenschaft hinaus. Zivilgesellschaftliche Initiativen, Lokal- und Familienforscherinnen und -forscher, Studierende und nicht zuletzt auch Schülerinnen und Schüler entdeckten das Potenzial der Archive für die Beantwortung der eigenen Fragen an die Geschichte. Seinen Reflex fand dieses veränderte Interesse in der Archivgesetzgebung des Bundes und der Länder ab Ende der 1980er Jahre. Die Bereitstellung und Vermittlung der eigenen Bestände, die Ausrichtung auf die Nutzerinnen und Nutzer, Öffentlichkeitsarbeit und damit letztlich ein Bildungsauftrag wurden nun als Aufgabenfelder anvisiert und zum Teil auch festgeschrieben, zuletzt in dem Positionspapier der Bundeskonferenz der Kommunalarchive (BKK 2005; zum Verhältnis von Bildungs- und Öffentlichkeitsarbeit Murken 2007). Aus dem Archiv für die Wissenschaft wurde und wird schrittweise ein Archiv der Zivilgesellschaft und damit ein Ort geschichtskultureller Partizipation (Brenner-Wilczek/Cepl-Kaufmann/Plassmann 2006, 12–28; Schöggl-Ernst/Stockinger/Wührer, 2019; Lütteken 2016; Berg 2016; Franz 2018, 16–25; Aspelmeier/Hirsch 2014).

Friedliche Revolution 1989/90

Dieser Prozess der demokratischen Aneignung von ehemals verschlossenem Herrschaftswissen fand nirgends einen so deutlichen Ausdruck wie in der Erstürmung der Stasi-Dienststellen und schließlich der Berliner Stasi-Zentrale im Dezember 1989 bzw. Januar 1990 durch die Bürgerrechtsbewegung in der Friedlichen Revolution. Der Grundsatz „Eine Demokratie braucht freien Zugang auf alle Akten" (Janowitz 2022, 287) wurde hier in aller Konsequenz durchgesetzt und sicherte und sichert den Bürgerinnen und Bürgern über ein gesondertes Stasi-Unterlagen-Gesetz den Zugang zu den Dokumenten der ehemaligen Geheimpolizei (Janowitz 2022, 286–289).

Offene Archive

Mit Blick auf die Gesamtentwicklung der Archive zeigt sich hier in aller Deutlichkeit, dass sich das Verständnis und der gesellschaftliche Ort des Archivs noch einmal verändert haben. Durch den freien Zugang, die Schaffung von Transparenz, die damit verbundene Möglichkeit zur Überprüfung staatlichen bzw. öffentlichen Handelns und die Inanspruchnahme in einer pluralisierten Geschichtskultur wird die Rolle des Archivs als ein Fundament der Demokratie und damit als „systemrelevant" (Prantl 2012, 27) bewusst. Dieser Prozess der Demokratisierung des Archivs und seines Informations- und Wissensspeichers ist noch keineswegs abgeschlossen. In der aktuellen Entwicklung werden Öffnung und Partizipation noch weitergedacht, zumal sich unter den Bedingungen der Digitalisierung neue Möglichkeiten des Zugangs und der Reichweite ergeben, etwa durch digitale Lesesäle. Mit dem Paradigma des „Offenen Archivs" wird eine noch engere Verbindung von Archiv und Gesellschaft mit den Mitteln der digitalen Information, Kommunikation und Kollaboration angestrebt (Gillner 2011; Gillner 2018; Freund 2017; Theimer 2018). Damit verbunden sind neue Wege der Partizipation, z.B. durch eine breite Beteiligung der Bürgergesellschaft an wissenschaftlichen Forschungsprozessen (Citizen Science, dazu Kluttig 2018) oder gar an den archivischen Aufgaben der Erschließung und Verzeichnung von Beständen (Crowdsourcing).

Für Deutschland ergibt sich heute eine historisch gewachsene, dezentrale und vielfältige Archivlandschaft öffentlicher, kirchlicher und privater Archive. Jedes Archiv hat dabei eine räumlich-territoriale und eine sach- und herkunftsbezogene Zuständigkeit, nicht selten auch mit Überschneidungen (Franz 2018, 25–57; Lange/Lux 2004, 65–76): Archive in Deutschland

- Im Bundesarchiv mit Standorten in Koblenz, Berlin und Freiburg wird die staatliche Überlieferung der Bundesrepublik, der DDR, des Deutschen Reiches, des Norddeutschen Bundes und zum Teil auch des Deutschen Bundes aufbewahrt. Das Auswärtige Amt verfügt über ein eigenständiges Archiv. Eine Sonderstellung innerhalb des Bundesarchivs nimmt auch das Stasi-Unterlagen-Archiv ein, für das besondere Nutzungsmöglichkeiten gelten. Bundesarchiv
- In den einzelnen Bundesländern haben sich aus der territorialen Neuordnung zu Beginn des 19. Jahrhunderts regionale Staats- bzw. Landesarchive entwickelt. Sie bewahren die Überlieferung staatlicher Behörden auf, daneben aber oft auch nichtstaatliche Sammlungen und Nachlässe. Über die landesherrlichen Territorien als Rechtsvorgänger reicht die Überlieferung zum Teil bis ins frühe Mittelalter zurück. Staats- und Landesarchive
- Die Städte, Gemeinden und Kreise führen kommunale Archive mit der Zuständigkeit für die jeweilige kommunale Überlieferung z.B. der Stadträte und Ämter, zumeist auch mit lokalen Sammlungen. Kommunalarchive
- Ähnlich wie die öffentlichen Archive sind die kirchlichen entsprechend ihrer räumlichen Gliederung in Bistümer, Landeskirchen, Pfarreien und Gemeinden strukturiert. Ihre Zuständigkeit erstreckt sich auf die Überlieferung der jeweiligen Ämter, Einrichtungen und Vereine. Kirchenarchive
- Die schriftlichen Zeugnisse der Universitäten befinden sich in den jeweiligen Hochschularchiven. Hochschularchive
- Parlaments- und Parteienarchive ergänzen die öffentlichen Archive mit ihrem jeweiligen Schwerpunkt. Parlaments- und Parteienarchive

Adelsarchive

- Adelsarchive dokumentieren die Geschichte einzelner Familien und Herrschaften. Zum Teil sind sie auch in öffentlichen Archiven untergebracht.

Wirtschaftsarchive

- Die Überlieferung von Betrieben und Unternehmen wird zum Teil in eigenständigen Betriebs- oder Konzernarchiven geführt, zum Teil im Verbund von Wirtschaftsarchiven der Industrie- und Handelskammern.

Medienarchive

- Rundfunk- und Filmarchive sind zumeist den Sendeanstalten angegliedert. Zeitungsarchive finden sich bei den Verlagen, zum Teil auch in öffentlichen Bibliotheken und, sofern es Lokalzeitungen betrifft, in kommunalen Archiven. Literaturarchive sammeln und bewahren die Nachlässe von Schriftstellerinnen und Schriftstellern.

Arolsen Archives

- Eine strukturelle Besonderheit stellen die Arolsen Archives dar. Sie wurden nach dem Zweiten Weltkrieg von den Alliierten als Internationaler Suchdienst zur Klärung der Schicksale der Opfer nationalsozialistischer Verfolgung und Vernichtung eingerichtet und verfügen über einen umfassenden Bestand vor allem personenbezogener Dokumente.

Freie Archive

- Archive Sozialer Bewegungen oder Freie Archive sind aus dem zivilgesellschaftlichen Engagement lokaler oder regionaler Initiativen hervorgegangen und sichern Dokumente ihrer Tätigkeit. Damit stellen sie eine wichtige Ergänzung der staatlichen Überlieferung dar. Ein Beispiel hierfür ist das Dokumentationszentrum und Museum über die Migration in Deutschland (DOMiD), das aus einer privaten Initiative hervorgegangen ist, um mit der Sammlung von sozial- und alltagsgeschichtlichen Zeugnissen zur Geschichte der Einwanderung nach Deutschland eine Überlieferungslücke zu schließen.

Aufgaben des Archivs

Die Aufgaben eines Archivs bestehen darin, schriftliche, bildliche, auditive, audiovisuelle und mit dem Übergang zum E-Government zunehmend digitale Dokumente von bleibendem historischem Wert zu bewerten und zu übernehmen, zu ordnen und zu erschließen, in ihrer Substanz zu erhalten und ggf. zu restaurieren und sie der Öffentlichkeit zugänglich zu machen. Sachquellen dagegen werden in der Regel in

Museen und ihren Magazinen aufbewahrt. Zu den Aufgaben eines Archivs gehören im Einzelnen:

- Bewertung und Übernahme: In der öffentlichen Verwaltung entstehen aus dem Verwaltungshandeln heraus Akten, die nach Schließung und Ablauf einer bestimmten Aufbewahrungsfrist in den jeweiligen Registraturen den zuständigen Archiven angeboten werden müssen. Darüber hinaus werden den Archiven oftmals Unterlagen von Vereinen, Verbänden und private Nachlässe angeboten. Auf der Grundlage von fachlich begründeten Kriterien wird im Archiv die Bewertung vorgenommen und entschieden, ob und inwiefern die angebotenen Dokumente historisch relevant und damit „archivwürdig" sind oder aber vernichtet, d.h. kassiert werden. Die Vorgaben variieren, aber in der Regel können nur wenige Prozent der angebotenen Dokumente ins Archiv übernommen werden. Aufbewahren und Aussortieren liegen hier nah beieinander und konstituieren die Möglichkeiten des Erinnerns wie des Vergessens. An dieser Schnittstelle zeigt sich die zentrale Rolle des Archivs für die Überlieferungsbildung aus der Vergangenheit für die Zukunft.

Bewertung und Übernahme

- Ordnung und Erschließung: Die als archivwürdig bewerteten Unterlagen werden nach dem Provenienzprinzip geordnet, d.h. nach ihrer Herkunft. Die Dokumente einer Behörde oder Einrichtung bilden damit einen fortlaufenden Bestand. Dadurch bleiben die Entstehungszusammenhänge der Einzeldokumente erhalten – eine unentbehrliche Voraussetzung für die Kontextualisierung und Rekonstruktion von historischen Entwicklungen. Innerhalb eines Bestandes werden die Akten, Urkunden, Plakate und Bilder einzeln verzeichnet, d.h. mit einer laufenden Nummer (Signatur) versehen und in einem Findbuch mit Titel, kurzer Inhaltsangabe, Laufzeit und ggf. besonderen Angaben erfasst. Lange Zeit wurden die Findbücher handschriftlich, später maschinenschriftlich verfasst, heute erfolgt die Verzeichnung digital.

Ordnung und Erschließung

- Erhaltung und Restaurierung: Die Archivalien stellen ein Kulturgut von hohem Wert dar, dessen Schutz zu den

Erhaltung und Restaurierung

wichtigsten Aufgaben des Archivs gehört. In den Magazinbauten herrschen daher besondere klimatische Verhältnisse und es greifen Schutzmaßnahmen u.a. vor Sonnenlicht, Feuchtigkeit, Schädlingen und Diebstahl. Bei Schädigungen durch falsche Lagerungen, Unfälle oder Naturkatastrophen stehen Restaurierungswerkstätten bereit, die mit modernen technischen Mitteln geschädigte oder gefährdete Archivalien restaurieren und konservieren. Digitale Archivalien schaffen neue Herausforderung für die Bestandserhaltung. Zum einen muss die sichere Speicherung großer Datenmengen gewährleistet sein, zum anderen müssen regelmäßig Datenmigrationen in Formate, die auch in Zukunft lesbar sein werden, vorausgeplant und durchgeführt werden.

Bereitstellung und Veröffentlichung

- Bereitstellung und Veröffentlichung: Neben dem Schutz stellt die Bereitstellung der Archivalien für die Öffentlichkeit eine weitere zentrale Aufgabe dar. Lediglich für Privatarchive können hier Ausnahmen gelten. Die Nutzung und Einsichtnahme der Archivalien erfolgt in der Regel im Lesesaal vor Ort, zunehmen aber auch online in digitalen Lesesälen (siehe zur Nutzung Kap. 2, Abschnitt Die Nutzung des Archivs). Im Rahmen ihres Öffentlichkeitsauftrages leisten die Archive zudem mit speziellen Veröffentlichungen, Vorträgen, Ausstellungen und Bildungsangeboten einen wichtigen Beitrag, die historische Überlieferung der Zivilgesellschaft zugänglich zu machen (Franz 2018, 113–148).

Das Archiv als außerschulischer Lernort

zivilgesellschaftliches Interesse

Die Entwicklung des Archivs zu einem außerschulischen Lernort ist eng mit der Demokratisierung der Geschichtskultur und der Öffnung der Archive verbunden. Veränderungen auf drei Ebenen führten zur Konstituierung des Archivs als Lernort. Zum einen hatte die bereits skizzierte zivilgesellschaftliche Geschichtsbewegung „von unten“ seit den 1970er Jahren mit ihrem Fokus auf Mikro-, Regional- und Alltagsgeschichte den Blick für die Bedeutung originaler Zeugnisse geschärft und damit den Weg ins lokale oder regionale Archiv gebahnt. Dabei waren es nicht nur Erwachsene, die in Geschichtswerkstätten und lokalen Initiativen auf Spurensuche gingen, sondern auch Kinder und Jugendliche. Den entscheidenden Impuls hierfür setzte der seit 1973 von der Körber-Stiftung ausgeschriebene Geschichtswettbewerb des Bundespräsidenten, der Schülerinnen und Schüler dazu anregte, vor Ort die historischen Spuren der deutschen Freiheitsbewegung, der Sozialgeschichte des Alltags, des Nationalsozialismus, der Nachkriegszeit oder der Umweltgeschichte aufzuspüren – so die Themenstellungen der ersten Wettbewerbsausschreibungen (Dittmer/Tetzlaff 2006; Handro 2019).

Wandel des Geschichtsunterrichts

Eine zweite Entwicklungslinie vollzog sich in der Schule und dem schulischen Geschichtsunterricht mit der Entdeckung bzw. Wiederentdeckung der Quelle und ihres didaktischen Potenzials. Das geschah im Kontext von Krise und Rückbau des Geschichtsunterrichts in der Bundesrepublik in den 1970er Jahren. Dem Unterricht wurde nicht ganz zu Unrecht vorgeworfen, an althergebrachten Autoritätserzählungen festzuhalten, anstatt Kritik und Urteilskraft zu schulen und dem demokratischen Zeitgeist entsprechend über historisch-politische Bildung zur Mündigkeit zu erziehen. In der DDR dominierte ähnlich wie in der Bundesrepublik ein allenfalls illustrierender Quelleneinsatz, hier noch zugeschnitten auf die Legitimation der marxistisch-leninistischen Ideologie.

Hinwendung zur Quelle

Mit der Hinwendung zur Quelle fand im Westen nun ein Paradigmenwechsel statt. Als Geschichte sollte nicht mehr die belehrende Lehrererzählung darüber gelten, was gewesen ist, sondern sie sollte das Ergebnis eines selbsttätigen Re- und Dekonstruktionsprozesses auf der Grundlage kritischer Auswertung multiperspektivischer historischer Quellen sein. Geschichtsdidaktisch flankiert wurde diese Neuausrichtung mit der Etablierung der zentralen Kategorie des „Geschichtsbewusstseins“ (dazu Jeismann 2000; Schönemann 2017). Wurden Quellen bis dahin nur als „illustrierende Großzitate“ (Pandel 2012, 87) im Unterricht verwendet, sollten sie nun als Dreh- und Angelpunkt ins Zentrum rücken. Mit der Einführung von Quellen in den schulischen Lernprozess entwickelten sich partiell neue Arbeitsweisen. Das entdeckende wie das forschende Lernen und die Projektarbeit erhielten mit den Quellen Einzug in die Klassenräume – und führten zugleich wieder hinaus zu Zeitzeugenbefragungen, historischen Orten und in Archive, die damit zu außerschulischen Lernorten wurden.

Öffnung der Archive

Hinzu kam als dritte Entwicklung die oben geschilderte Öffnung der Archive, die ihren Bildungsauftrag erkannten und sich auch nicht-universitären Nutzergruppen zuwandten. Erste archivpädagogische Stellen wurden geschaffen, zunächst an Stadtarchiven (Münster 1983, Bremerhaven 1984), bald auch an staatlichen Archiven (Bremen, Hessen, Nordrhein-Westfalen 1986) durch Lehrerabordnungen (zur Entwicklung: Rodenburg 2000; Lange/Lux 2004, 54). Andernorts übernahmen und übernehmen Archivarinnen und Archivare dieses Tätigkeitsfeld (exemplarisch zur Entwicklung in Baden-Württemberg Rehm 2018). In der Summe entwickelten sich in den folgenden Jahrzehnten an vielen kleineren und größeren Archiven archivpädagogische Angebote und Strukturen, wobei die personelle Ausstattung bis heute sehr lückenhaft geblieben ist. Im internationalen Vergleich kam diese Entwicklung allerdings recht spät. Als Vorreiter kann der „service éducatif" der französischen Departementarchive angesehen werden, die bereits in den 1950er Jahren Schülerinnen und Schüler an die Arbeit mit Originalen heranführten. In anderen Ländern blieb es bis heute bei Ansätzen (Lange/Lux 2004, 27–32).

Historische Bildungsarbeit und Archivpädagogik

Auch in Deutschland verfügen heute nur wenige Archive über Archivpädagoginnen und -pädagogen, sehr viele aber über Bildungsangebote. Mit dem umfassenderen Begriff der Historischen Bildungsarbeit sind dabei Angebote für Zielgruppen jeden Alters, also einschließlich der Erwachsenenbildung gemeint. Der engere Begriff der Archivpädagogik bezieht sich auf Angebote für Kinder und Jugendliche im Vorschul- und Schulalter. In jüngster Zeit gibt es verstärkt Forderungen wie auch Bemühungen, spezielle Bildungsangebote auf Studierende zuzuschneiden (Kästner 2019; Minner 2015).

Die Situation der Archivpädagogik in Deutschland ist insgesamt sehr heterogen, die jeweilige personelle, räumliche und finanzielle Ausstattung bleibt ausschlaggebend. (Schaller 2019, 102). Die Vernetzung untereinander hat jedoch zu einer Professionalisierung und stetigen Weiterentwicklung der Ansätze und Angebote geführt. Mit der Etablierung der Archivpädagogik wurden die Erfahrungen und didaktischen Konzeptionen veröffentlicht, ausgetauscht und diskutiert (aus der Anfangszeit z.B. Lange 1993; Rodenburg 1996; Link 1998). Seit 1998 koordiniert der Arbeitskreis für Archivpädagogik und Historische Bildungsarbeit die Zusammenarbeit und den Austausch. Er veranstaltet Archivpädagogik-Konferenzen sowie Sektionen auf dem Deutschen Archivtag mit wechselnden methodischen und inhaltlichen Schwerpunkten, fördert den nationalen und internationalen fachlichen Austausch und leistet Vernetzungsarbeit mit anderen historischen Bildungseinrichtungen (Schaller 2019).

Arbeitskreis Archivpädagogik

Aus der Entstehungsgeschichte der Archivpädagogik ergibt sich, dass sich die Angebote aus der Praxis, also anhand der jeweiligen Bedürfnisse und Interesse vor Ort und „von unten" entwickelt haben. Eine Anbindung an die universitäre Geschichtsdidaktik und ihre Konzepte des historischen Lernens findet bisher nur vereinzelt statt, wie andersherum das Archiv seitens der Geschichtsdidaktik nur zögerlich in den Blick genommen wird. Dadurch fehlt bis heute eine systematisierende, die Erkenntnisprozesse und Konzeptionen auf theoretischer Ebene reflektierende Archivdidaktik (Freund 2011/12; Aspelmeier/Hirsch 2014, 22 f.; Aspelmeier 2019, 106 f.).

Archivdidaktik

Als Lernort zeichnet sich das Archiv durch drei Besonderheiten aus, die es von anderen Lernorten der historischen Bildung unterscheidet und sein spezifisches didaktisches Potenzial konstituiert (Beck 2018, 125).

Drei Besonderheiten des Archivs als Lernort

- Zuallererst ist hier die Authentizität der Quellen zu nennen, die in ihrer Originalität unverändert so aufbewahrt und zugänglich gemacht werden, wie sie in einer bestimmten Zeit entstanden sind. Schülerinnen und Schüler begegnen der historischen Überlieferung also

Authentizität der Quellen

ungebrochen und unverformt, damit auch ungeschliffen. Die „Aura des Authentischen" zeigt sich in der spezifischen Materialität der Quelle als Pergament, Papier oder Aktenbündel wie auch in der besonderen Schrift, Sprache oder Gestaltung. Sie schafft damit als Link in die Vergangenheit eine direkte Verbindung zu dem Handeln oder Leiden von Menschen vergangener Jahrzehnte und Jahrhunderte. Eine digitale Bereitstellung von eingescannten Archivalien mindert zweifellos das sinnliche Erleben von Urkunden und Akten in der eigenen Hand. Die Originalität mit ihren sichtbaren Zeitspuren wird aber zumindest soweit erhalten, als dass die Scans immer Faksimiles sind. Auch die „digital born sources" des digitalen Zeitalters, seien es Social Media Tweets oder E-Akten, behalten mit ihrer Originalität ihre Ursprünglichkeit, wenngleich der Unterschied zur „Kopie" optisch und haptisch nicht mehr wahrnehmbar sein wird.

Geschichte vor Ort

- Die zweite Besonderheit des Lernortes ergibt sich aus seinem Bezugsrahmen. Bedingt durch die räumlichen Zuständigkeiten der Archive beziehen sich die Archivalien in der Regel auf eine bestimmte Stadt oder Region und die Menschen, die dort einmal lebten. Die Quellen des Archivs ermöglichen einen Zugang zur Geschichte vor Ort. Indem sie eine direkte Verbindung zwischen dem Jetzt und dem Früher durch den gemeinsamen Raum schaffen, eröffnen sie Blicke in die historische Dimension der jeweiligen Lebensumwelt der Schülerinnen und Schüler. Gerade die Spannung zwischen (räumlicher) Kontinuitäts- und (zeitlich-historischer) Alteritätserfahrung ist eine zentrale Triebfeder, die Neugier und eigene Fragen an die Vergangenheit anregen kann. Über den lokalen, regionalen oder biografischen Zugriff wird die allgemeine Geschichte im Nahbereich konkret erkundet, sei es als exemplarische Bestätigung der großen Linien im kleinen Kontext, sei es als Aufdeckung abweichender Besonderheiten.

Entdecken und Forschen

- Die dritte und didaktisch wie methodisch entscheidende Besonderheit ergibt sich aus den ersten beiden. Das

Archiv bietet originale Zeugnisse, aber keine fertige Geschichte. Im Archiv ist der Blick in die Vergangenheit ausschließlich über das selbsttätige Recherchieren, Lesen, Auswerten und Deuten der historischen Quellen möglich, also durch eigenes Entdecken und Forschen. In didaktischer Perspektive ist das Archiv somit ein Ort des praktischen Handelns, für den schon verschiedene Metaphern herangezogen wurden: Es gilt als wissenschaftliches „Labor“ (z.B. Müller-Hennig 2015, 101; Kästner 2019), in dem auf experimentelle Weise historische Erkenntnisse gewonnen werden können, oder als eine handwerklich ausgerichtete „Werkstatt“, in der Wissen erarbeitet und geformt wird (z.B. Wolfrum 2007; Aspelmeier/Beck/Erdmann 2022, 245 und 252).

Unterschiede zu anderen Lernorten

Damit werden die Unterschiede wie auch Gemeinsamkeiten mit anderen historischen Lernorten sichtbar. Im Museum werden mit materiellen Überresten, in diesem Fall Sachquellen, ebenfalls authentische historische Zeugnisse für das Lernen bereitgestellt. Durch die Einbindung in die Narration einer Ausstellung sind sie aber immer schon didaktisch vorstrukturiert und kontextualisiert (Pleitner 2018). Gedenkstätten zeichnen sich durch die Authentizität des Ortes aus, der immer auch Raum zum eigenen Erkunden lässt, aber mit Rundgängen und Ausstellungen schon ein Stück lesbar gemacht worden ist und zunehmend musealisiert wird (Zülsdorf-Kersting 2018). Soweit Gedenkstätten eigene Sammlungen und Dokumentationen aufgebaut haben, weisen sie in dieser Hinsicht Ähnlichkeiten zum Archiv auf.

Die Nutzung des Archivs

Als Informations- und Wissensspeicher stehen Archive der Gesellschaft zur Verfügung. Bürgerinnen und Bürger können auf sie zugreifen, sie ihren Erkenntnisinteressen folgend nutzen. Der Weg zu den Archivalien und ihrer Einsichtnahme wird geleitet durch Recherche, fachliche Beratung und spezielle Angebote für Schülerinnen und Schülern (siehe Abb. 1):

Recherche

- Die Recherche kann mit der Suche nach dem richtigen Archiv beginnen. Für die Orientierung in der deutschen (und internationalen) Archivlandschaft stehen Archivportale bereit (siehe Kap. 6, Abschnitt Archivportale und Kontakte), um das oder die richtigen Archive für die eigene Fragestellung zu finden. Für die Recherche innerhalb eines Archivs werden die archivischen Findmittel genutzt, d.h. die Übersicht über die jeweils vorhandenen Bestände und für jeden Bestand ein Findbuch mit der Verzeichnung und Signatur der einzelnen Archivalien. Diese Findmittel stehen als Datenbanken in der Regel digital zur Verfügung, so dass auch Suchmasken genutzt werden können. Soweit rechtlich möglich sind die Findmittel online gestellt. Damit kann die Recherche zu Hause oder in der Schule beginnen. Für eine ausführliche Recherche ist aber immer das Archiv zu kontaktieren.

Beratung und Unterstützung

- Zur Unterstützung der Recherche bieten die Archive Beratungen und Hilfen an. Dies kann vor Ort im Archiv erfolgen oder vorab über eine Anfrage per Mail oder Telefonat. Auf diese Weise kann im Vorfeld geklärt werden, ob in dem jeweiligen Archiv überhaupt geeignete Archivalien zu finden sind oder wie die Suche weiter eingegrenzt werden kann. Für Schülerinnen und Schüler bestehen teilweise besondere archivpädagogische Unterstützungsangebote bei der Recherche, Auswahl und Bereitstellung von Archivalien. Sind die Signaturen der Archivalien gefunden, müssen diese bestellt und von den Archivmitarbeiterinnen und -mitarbeitern aus dem Magazin „ausgehoben“ werden.

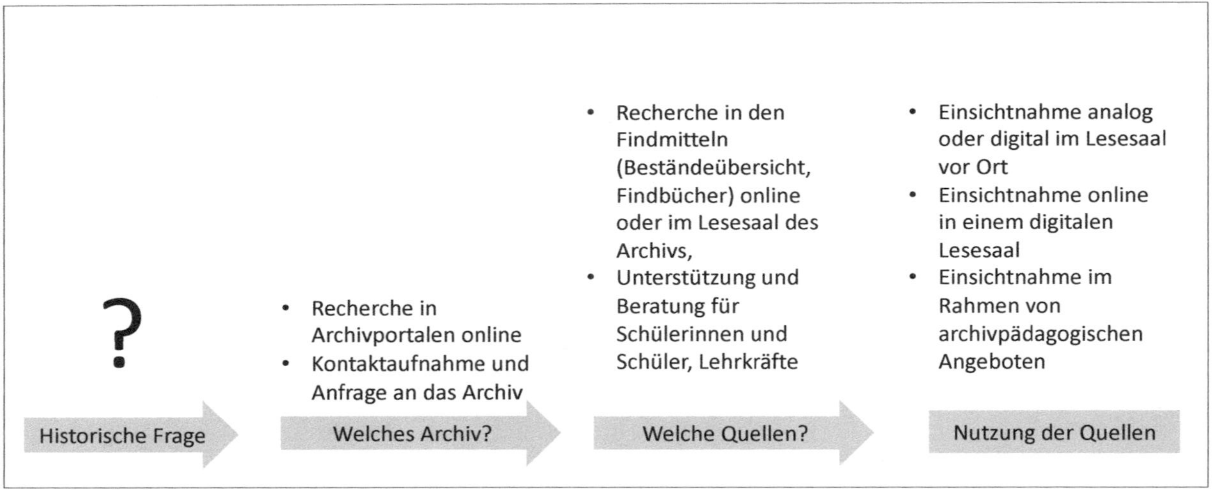

?

Historische Frage

- Recherche in Archivportalen online
- Kontaktaufnahme und Anfrage an das Archiv

Welches Archiv?

- Recherche in den Findmitteln (Beständeübersicht, Findbücher) online oder im Lesesaal des Archivs,
- Unterstützung und Beratung für Schülerinnen und Schüler, Lehrkräfte

Welche Quellen?

- Einsichtnahme analog oder digital im Lesesaal vor Ort
- Einsichtnahme online in einem digitalen Lesesaal
- Einsichtnahme im Rahmen von archivpädagogischen Angeboten

Nutzung der Quellen

Abb. 1: Auf dem Weg zur Quelle (eigene Darstellung)

- Nutzung im Lesesaal: Die Nutzung erfolgt in der Regel nach einer Anmeldung im Lesesaal vor Ort, in dem die recherchierten und bestellten Originale eingesehen werden können. In den Lesesaal dürfen aus Sicherheitsgründen nur Schreib- und Arbeitsmaterialien mitgenommen werden (Bleistift, Block, Tablet, Notebook). Einschränkungen der Einsichtnahme sind aus konservatorischen und datenschutzrechtlichen Gründen möglich. Neben der generellen Schutzfrist von 30 Jahren bei Sachakten gelten für personenbezogene Akten je nach Archiv Fristen von 10 bis 30 Jahren nach dem Tod oder 100 bis 110 Jahren nach der Geburt der betreffenden Person. Für wissenschaftliche Recherchen sind Ausnahmen unter bestimmten Auflagen möglich. Im Lesesaal dürfen unter Umständen Fotos von den Archivalien gemacht werden, so dass zu Hause mit Arbeitskopien weitergearbeitet werden kann. Archiveigene Fotowerkstätten erstellen zudem gegen eine Gebühr Reproduktionen.
- digitale Nutzung: Eine digitale Nutzung ist zunehmend möglich. Zahlreiche Archive sind in den letzten Jahren dazu übergegangen, ausgewählte Bestände systematisch zu digitalisieren, insbesondere zum Schutz der Originale, aber auch um die Einsichtnahme und Nutzung zu erleichtern. Damit ist der Weg zu digitalen Lesesälen gebahnt, in denen das Original als Digitalisat, d.h. als Scan eingesehen wird. Aufgrund der großen Menge an vorhandenem analogen Archivgut wird dies trotz der Digitalisierungswelle allerdings auch in den nächsten Jahren kaum in vollem Maße möglich sein. Sollten keine rechtlichen Gründe entgegenstehen, können die digitalisierten Archivalien online bereitgestellt werden. Sie können dann zu Hause oder in der Schule genutzt werden, ohne das Archiv selbst aufsuchen zu müssen. Online-Angebote beinhalten zum Teil auch archivpädagogisch ausgewählte und aufbereitete Archivalien. Da dies zurzeit nur punktuell möglich ist, dienen sie oftmals als „Schaufenster“ (Rosenkötter 2022, 312), die zur weiteren Nutzung des Archivs vor Ort einladen.

- Für Schülerinnen und Schüler kann die Bereitstellung und Nutzung der Archivalien im Rahmen von archivpädagogischen Lernangeboten erfolgen. Je nach Interesse und Lernvoraussetzung bieten sich hierfür verschiedene Zugänge und Formate an (siehe Kap. 3 und 5).

archivpädagogische Angebote

3. Historisches Lernen im Archiv

Zugänge und Lehr-Lernformate

historisches Lernen

Da Geschichte erkenntnistheoretisch kein objektives Abbild vergangener Zeiten sein kann, sondern immer eine in der Gegenwart vollzogene Rekonstruktion der Vergangenheit darstellt, ist historisches Lernen ein aktiver und vielschichtiger Prozess. Dieser Prozess lässt sich mit Jörn Rüsen (Rüsen 2014, 61–85) und Peter Gautschi (Gautschi 2015, 42–48) genauer als tätige Auseinandersetzung mit und Aneignung von Zeiterfahrungen verstehen, die in einem gegenwärtigen Lebensumfeld aus einem Orientierungsbedürfnis für Gegenwart und Zukunft heraus erfolgen. Historisches Lernen findet, ordnet und deutet Spuren aus der Vergangenheit in einem selbstkonstruierten Sinnzusammenhang. Auf diese Weise entsteht zum einen eine historische Erzählung, die ein bestimmtes Gegenstandswissen über historische Akteure und ihre Handlungen, über daraus folgende Ereignisse und ihre Zusammenhänge sowie über zugrundeliegende Strukturen enthält und kommuniziert. Zum anderen und unauflöslich damit verwoben wächst im Lernprozess die Kompetenz zu diesem historischen Lernen, also die Fähigkeit der Auseinandersetzung, Aneignung und Sinnbildung und damit das Erkenntniswissen (Günther-Arndt 2018, 15 f.).

Zugänge zum Lernort Archiv

Historisches Lernen stellt sich nach diesem narrativistisch-konstruktivistischen Verständnis als ein „selbstreflexiver Prozess“ (Rüsen 2014, 79) dar, der sich im praktischen Vollzug weiterentwickelt und in der Summe ein dynamisches Geschichtsbewusstsein konstituiert. Vor dem Hintergrund dieses Paradigmas ergeben sich drei Zugänge des historischen Lernens zum Archiv (siehe Abb. 2). Sie sind eng miteinander verwoben, bedingen sich zum Teil gegenseitig, können in der Praxis konkreter Lehr- und Lernformate jedoch auch gezielt akzentuiert werden:

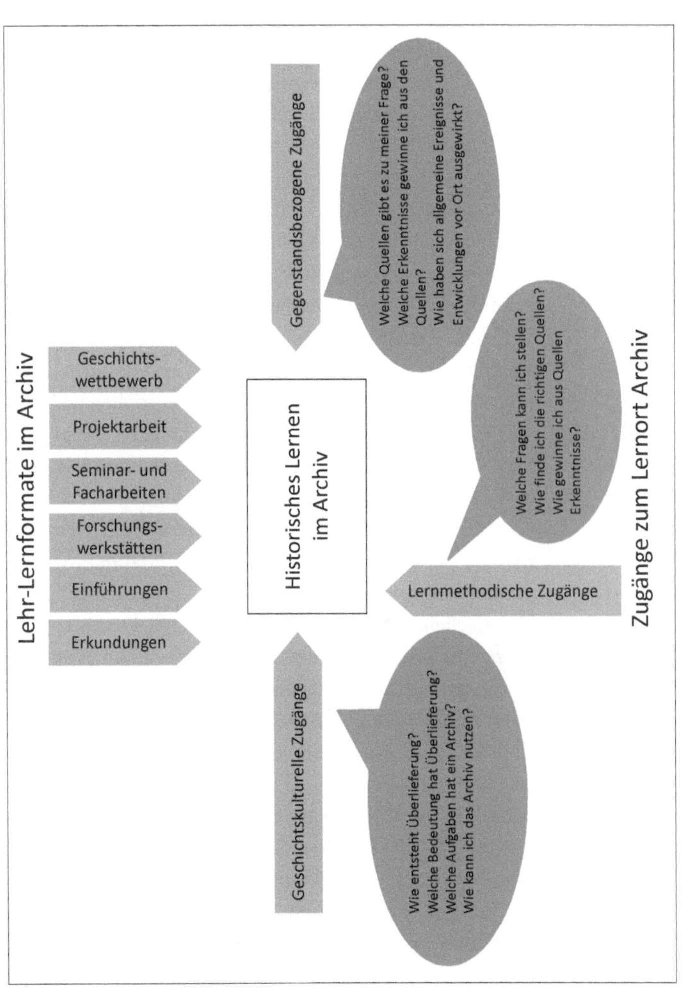

Abb. 2: Zugänge und Lehr-Lernformate (eigene Darstellung)

geschichtskultureller Zugang

• Der geschichtskulturelle Zugang nimmt das Archiv als geschichtskulturelle Institution und seine Funktion als Speicher historischer Überlieferung in den Blick. Das historische Lernen beschäftigt sich hier mit seinen materiellen Voraussetzungen. Es geht um die Fragen, wie die Überreste der Vergangenheit in unsere Gegenwart gelangen; in welcher materiellen Beschaffenheit sie physisch existieren; welche Bestände aus welchen Zeiten mit welchen spezifischen Quellengattungen vor Ort vorhanden sind und welche Bedeutung sie für heutige und zukünftige Orientierungsbedürfnisse besitzen. Konkret erkunden und entdecken Schülerinnen und Schüler die Wege der Überlieferungsbildung, die von Zufällen, dem Überstehen von Kriegen und Naturkatastrophen wie auch von bewussten archivischen Entscheidungen geprägt sind. Sie reflektieren die Maßstäbe der Auswahl und Bewertung von archivwürdigen Zeugnissen aus unserer eigenen Gegenwart für die Zukunft und können in den Restaurierungswerkstätten und Magazinen erfahren, welche Herausforderungen bei der Sicherung und Erhaltung von historischen Spuren zu bewältigen sind. Deutlich wird dabei zweierlei: Der Blick auf die Regalreihen in den Magazinen offenbart zum einen, in welchem meist unerwarteten Umfang Spuren der Vergangenheit vorhanden sind. Erkennbar wird zum anderen aber auch, dass trotz der vollen Magazine die Überlieferung immer nur einen Ausschnitt des Vergangenen repräsentiert und niemals vollständig sein kein. Bereits hier wird anschaulich fassbar, dass Geschichte nie Abbild, sondern immer eine Konstruktion sein wird. Im Fokus stehen schließlich auch die Nutzungsmöglichkeiten des Archivs von den Beratungsangeboten über die Recherche-Instrumente (Findmittel) bis hin zur Lesesaalnutzung. Dieser Zugang läuft darauf hinaus, das Archiv als zentrale und vor allem offene Institution der demokratischen Geschichtskultur zu verstehen. Als archivpädagogisches Angebotsformat dominiert oftmals die klassische Archivführung, in der das Archiv mit seinen Aufgaben, Beständen und Nutzungsmöglichkeiten präsentiert wird. In der Regel ist damit ein Gang durch die Räumlichkeiten, vor allem das Magazin und die Restaurierungswerkstatt, verbunden. Führungen können allgemein gehalten sein oder bereits einen thematischen Schwerpunkt setzen. Oftmals herrscht die Präsentation durch Archivarinnen und Archivare bzw. Archivpädagoginnen und Archivpädagogen vor. Ebenso können aber handlungsorientierte Elemente eingebaut werden, so dass aus der Führung eine aktivierende, je nach Zielgruppe auch spielerische Entdeckungsreise durch die Schatzkammern historischer Überlieferungen wird (Sturm 2008). Dieser Zugang eignet sich daher für alle Altersstufen und Schulformen. Eine Übersicht über konkrete archivpädagogische Formate findet sich im Abschnitt Archiv-Erkundungen in Kap. 5.

lernmethodischer Zugang

- Beim lernmethodischen Zugang steht das Verfahren der historischen Erkenntnisgewinnung im Fokus. Im Archiv begegnen die Schülerinnen und Schüler direkt und unmittelbar Ausschnitten aus dem „Universum des Historischen“ (Gautschi 2015, 43). Die Realbegegnung legt die Schritte des historischen Lernprozesses frei und ermöglicht deren Reflexion in der praktischen Anwendung. Aufgegriffen werden können alle Phasen des Erkenntnisprozesses von der Heuristik über die Kritik und Interpretation bis zur Darstellung (Handro 2018a, 26). Im Bereich der Heuristik ist damit zunächst die Ausschärfung von Fragestellungen sowie die Recherche gemeint, also die Fähigkeit sich im Archiv und seinen Beständen zu orientieren, die bereit gestellten Findmittel und Unterstützungsangebote zielgerichtet zu nutzen, um geeignete Quellen zu finden und zu bestellen. In einem nächsten Schritt rückt das Verfahren der Quellenkritik und -interpretation in den Fokus. In den Blick genommen wird der Prozess, wie aus vorliegenden Archivalien unter Beachtung der spezifischen Gattungsmerkmale, der Perspektivität, des Entstehungszusammenhanges und des so eingegrenzten Aussagewerts Informationen gewonnen werden können. Abschließend geht es darum, wie diese mit andern bzw.

vorhandenen Wissensbeständen in Beziehung gesetzt und in einen deutenden Sinnzusammenhang gebracht werden können. So wie ein Experiment in einer Laborsituation Einblicke in naturwissenschaftliche Erkenntnisverfahren ermöglicht, so werden beim lernmethodischen Zugang die im Unterricht erworbenen fachspezifischen Methoden der Quelleninterpretation, aber ebenso auch das Gesamtverfahren des historischen Erkenntnisprozesses durch den praktischen Vollzug erkennbar. Das Archiv stellt sich hier als Probier- und Experimentierraum der historischen Methode dar. Durch eigentätiges Handeln wird schließlich deutlich, dass Geschichte kein Abbild, sondern stets eine Rekonstruktion ist. Dieses fundamentale Erkenntniswissen stellt die zentrale „Schlüsselaufgabe historischen Lehrens und Lernens" (Handro 2018a, 43) dar. Sie kann im Archiv als Grundlage des kritischen Geschichtsbewusstseins ausgeschärft und konturiert werden. Der lernmethodische Zugang findet sich mit Abstufungen und unterschiedlichen Akzentuierungen grundsätzlich in allen archivpädagogischen Lehr- und Lernformaten wieder, bei denen Schülerinnen und Schüler Quellen nicht nur ansehen, sondern mit ihnen arbeiten: in allen thematischen Modulen, Forschungswerkstätten, Wettbewerbs-, Fach-, Seminar- und Projektarbeiten. Ebenso kann er in gesonderten methodischen Einführungen in die Archivarbeit, etwa zur Vorbereitung oder Begleitung von Projektvorhaben, gezielt aufgegriffen und thematisiert werden (siehe hierzu Kap. 5, Abschnitt Methodische Einführungen). Letzteres bietet sich insbesondere für die mittleren und oberen Jahrgänge weiterführender Schule an. In einem angepassten und didaktisch reduzierten Format lässt sich der lernmethodische Zugang aber auch in unteren Jahrgängen aufgreifen, z.B. anschaulich arrangiert als kriminalistische Spurensuche.

gegenstandsbezogener Zugang

- Der inhaltliche Erkenntnisgewinn steht beim thematischen oder gegenstandsbezogenen Zugang im Mittelpunkt. Jedes Erkenntnisverfahren hat Erkenntnisse zum Ziel, die in diesem Fall aus dem Archiv und seinen Quellen als Informationsspeicher gewonnen werden können. Ausgangspunkt sind historische Fragen, die in einem Unterrichts- oder Projektzusammenhang entstanden sind. Ihnen können unterschiedliche Interessen zugrunde liegen, nicht selten ist es die naheliegende Frage nach dem Niederschlag allgemeiner Ereignisse und Entwicklungen im eigenen lokalen oder regionalen Umfeld. Die durch die Anwendung des historischen Erkenntnisverfahrens im Archiv gewonnenen Informationen und Deutungen führen zur Ausgangsfrage zurück und tragen zu ihrer Beantwortung bei. Das zeitliche und thematische Spektrum hängt dabei nicht nur von der Fragestellung ab, sondern auch von der Überlieferungslage im konkreten Archiv. Zeitlich kann die Bandbreite von den Anfängen der Schriftlichkeit im frühen Mittelalter über die Frühe Neuzeit und Neuzeit bis in die Zeitgeschichte reichen, wobei die jüngsten Archivalien in einem Archiv in der Regel vor ca. 30 Jahren entstanden sind. Der Bezugsrahmen wird dabei immer ein lokal- oder regionalgeschichtlicher, mitunter auch ein biografischer sein. Thematisch sind vielfältige Zugriffe über verschiedene Quellengattungen aus unterschiedlichen Perspektiven möglich:

- politikgeschichtlich (z.B. Herrschaft im Mittelalter anhand von Herrschaftspräsentationen in Urkunden weltlicher oder geistlicher Fürsten; die Forderungen in der Revolution 1848/49 in Flugblättern und Karikaturen; Herrschaftssicherung in der NS-Diktatur durch Überwachung, Verfolgung und Verhaftung anhand von Polizei- und Justizakten),
- sozialgeschichtlich (z.B. die Stellung und Abhängigkeiten der Bauern in der Grundherrschaft anhand von Heberegistern der Grundherren; Arbeits- und Wohnverhältnisse von Gastarbeiterinnen und Gastarbeitern anhand von Untersuchungsberichten),
- wirtschaftsgeschichtlich (z.B. die Auswirkung der Industrialisierung anhand von historischen Stadtplänen im Vergleich; Auswirkungen der Inflation 1923, der Wirtschaftskrise 1929 oder der Währungsreform 1948 anhand von Fotografien),

- kultur- und mentalitätsgeschichtlich (z.B. Einstellungen zum Krieg in Feldpostbriefen und Propagandaplakaten; antisemitisches und rassistisches Denken in Flugblättern, Vereins- bzw. Parteiprogrammen und amtlichen Berichten),
- alltagsgeschichtlich (z.B. Freizeitgestaltung in Vereinen anhand von Vereinschroniken und Vereinssatzungen; Entwicklung des Wohnens anhand von Bauplänen oder des Konsums anhand von Werbung und Prospekten),
- umweltgeschichtlich (z.B. die Entwicklung von Flächenversiegelungen im Zuge der Urbanisierung anhand von historischen Stadtplänen im Vergleich; das Ausmaß der Wasser- und Luftverschmutzung in Protesten und Eingaben an die Gewerbeaufsicht),
- gendergeschichtlich (z.B. die Rollenzuschreibungen für Frauen während des Ersten Weltkriegs anhand von „Kriegsratgebern“ und Fortbildungsprogrammen; der Einsatz für Gleichberechtigung in Flugblättern und Plakaten der Frauenbewegung).

Die Lehr- und Lernformate richten sich bei gegenstandsbezogenen Zugängen nach dem thematischen Interesse, den Lernvoraussetzungen der Lerngruppe, den zur Verfügung stehenden Archivalien und dem vorgegebenen Zeitumfang. Im Mittelpunkt steht immer die archivpädagogisch begleitete Arbeit mit ausgewählten Archivalien, die über die quellenkritische Auswertung zu eigenen Einsichten und Erkenntnissen führt. Dies können auf das thematische Interesse zugeschnittene Module, Thementage oder Forschungswerkstätten für ganze Lerngruppen sein. Wenn sich zum Beispiel eine Klasse oder ein Kurs im Unterricht mit der Situation von Jugendlichen in der NS-Diktatur befasst, können die Schülerinnen und Schüler im Archiv Schulchroniken, Fotos von HJ-Aktivitäten, Liederhefte, Zeitungsberichte, Propagandaschriften und -plakate sowie in Akten dokumentierte Sanktionen bei unangepasstem Verhalten auswerten. Auf der Grundlage der selbst erarbeiteten Erkenntnisse sind sie dann in der Lage, Rahmenbedingungen und Handlungsspielräume Jugendlicher auszuloten. Bei individuellen Beratungen und Betreuungen von einzelnen Schülerinnen und Schülern im Rahmen von Wettbewerben, Fach-, Seminar- oder Projektarbeiten werden für die jeweilige Fragestellung geeignete Archivalien herausgesucht, die Besonderheiten der Quellengattungen erklärt und ggf. konkrete Hinweise auf zentrale Dokumente gegeben. Für ein „Stolperstein-Projekt" kann der erste Arbeitsauftrag zum Beispiel lauten, aus Akten der sog. Wiedergutmachung und Rückerstattung die biografischen Daten der verfolgten jüdischen Familienmitglieder herauszuschreiben und auf diese Weise die Lebenswege zu rekonstruieren. Der gegenstandsbezogene Zugang eignet sich mit entsprechenden didaktischen Anpassungen grundsätzlich für alle Altersstufen und Schulformen. Weitere konkrete Hinweise zu diesem Zugang finden sich in den Abschnitten zu Forschungswerkstätten, Seminar- und Facharbeiten, Projektarbeit und Geschichtswettbewerb in Kap. 5.

Forschen und Entdecken

aktive Auseinandersetzung

Im Archiv gibt es keine fertige Geschichte. Es ist primär kein Ort, an dem Geschichtserzählungen und -deutungen ausgestellt, vorgetragen oder vorgeführt werden. Als Lernort bietet es keine Anlaufstelle für die passive Rezeption bestehender Geschichtsbilder und abgeschlossener Deutungen, in der die Forschungsergebnisse anderer präsentiert und von Schülerinnen und Schülern gleichsam abgeholt werden können. Das Archiv ist auch nicht primär ein Ort, an dem Dokumente der Vergangenheit als Illustrationen von Geschichte bloß betrachtet und angesichts ihres ehrfürchtigen Alters vielleicht bestaunt werden können. Das Archiv ist vielmehr ein Ort des aktiven Entdeckens und Forschens. Indem das Archiv ausgewählte Originalspuren der Vergangenheit bereitstellt, lässt es den Nutzerinnen und Nutzern im wohlwollenden Sinne keine andere Wahl, als sich aktiv und tätig diese Quellen und mit ihnen Ausschnitte aus der Vergangenheit anzueignen, sich mit ihnen auseinanderzusetzen und auf diese Weise selbst Geschichte zu entdecken und zu erforschen. Damit ist das leitende didaktische Prinzip des historischen Lernens im Archiv benannt. Schülerinnen und Schüler werden zu Spurensucherinnen und Spurensuchern, zu Geschichtsdetektivinnen und Geschichtsdetektiven. Die dahinterstehende Grundhaltung ist mit Neugier am besten zu bezeichnen und gilt zunächst einmal ganz grundsätzlich und unabhängig vom Alter. Neugier kann der Grund sein, der ins Archiv führt, Neugier kann aber ebenso durch die erste Begegnung mit den Quellen geweckt werden. Sie ist die treibende Motivation für das Entdecken und Forschen des Grundschulkindes ebenso wie des Oberstufenschülers und der Geschichtswissenschaftlerin.

forschend-entdeckendes Lernen

Forschend-entdeckendes Lernen meint im Kern ein Erkenntnisverfahren, bei dem Lernende durch eigene Fragen angeleitet in einem selbsttätigen Prozess zu eigenen Erkenntnissen gelangen (zum Folgenden Wolter 2018; Henke-Bockschatz 2016; Messner 2009). Der Begriff wird in der didaktischen Literatur nicht immer trennscharf verwendet, es lassen sich gleichwohl zwei Differenzierungen erkennen. Zum einen lässt sich hinsichtlich der Ergebnisse unterscheiden und das Nach-Entdecken des gemeinhin Bekannten vom erstmaligen Erforschen des tatsächlich Neuen abgrenzen. Zum anderen werden verschiedene Grade der Selbstständigkeit ausdifferenziert, die von demonstrierenden über gelenkte bis zu gänzlich freien Formen des Entdeckens und Forschens reichen. Die erste Unterscheidung ist für die archivpädagogische Arbeit weniger relevant. Denn hier ist es entscheidend, ob Erkenntnisse für die jeweiligen Schülerinnen und Schüler neu sind und auf welchem Lernweg sie gewonnen werden. Hingegen ist die graduelle Unterscheidung des Ausmaßes an Selbstständigkeit bzw. unterstützender Steuerung für die Lehr-Lernarrangements im Archiv zentral. Entdeckungs- und Forschungswege können zwar nicht frei von Hürden und Herausforderungen sein – so gesehen sind Umwege, Irrwege und Sackgassen und vor allem der Umgang mit diesen Hürden wesentlicher Bestandteil dieser Lernprozesse. Doch es „muss eine Erfolgsgarantie geben“ (Wolters 2018, 131). Schülerinnen und Schüler sollten zu Ergebnissen gelangen, damit die Wirksam-

Aus einer Akte des Amtsgerichts Gelsenkirchen-Buer
zur Namensänderung des Bergmanns August Friedrich Bielski

Den Antrag auf Namensänderung hat der Bergmann August Friedrich Bielski gestellt. Er wohnt in Buer und wurde 1897 in Bommern bei Witten geboren. Vermutlich waren bereits seine Eltern polnische Migranten.

Die Namensänderung war mit Gerichtskosten verbunden. Die Höhe von 400 Mark ist durch die Inflation nach dem Ersten Weltkrieg zu erklären.

Eine neue Verordnung von 1919 (Weimarer Republik) ermöglicht die Änderung von Familiennamen.

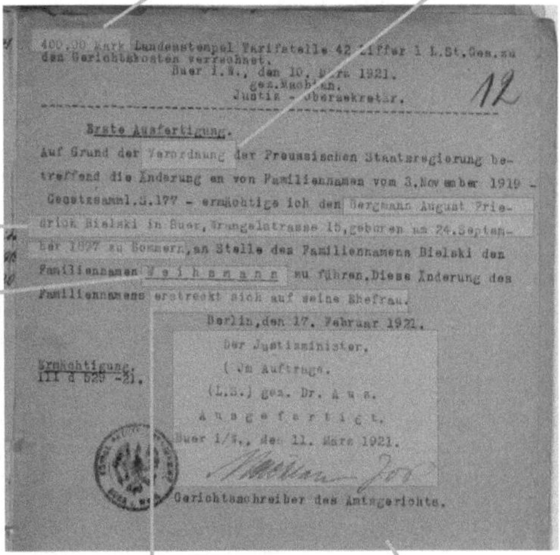

400,00 Mark Landesstempel Tarifstelle 42 Ziffer 1 L.St.Ges.zu den Gerichtskosten verrechnet.
Buer i.W., den 10. März 1921.
gez.Machian.
Justiz - Obersekretär.

12

Erste Ausfertigung.

Auf Grund der Verordnung der Preussischen Staatsregierung betreffend die Änderungen von Familiennamen vom 3.November 1919 - Gesetzsamml.S.177 - ermächtige ich den Bergmann August Friedrich Bielski in Buer, Wrangelstrasse 15, geboren am 24.September 1897 zu Bommern, an Stelle des Familiennamens Bielski den Familiennamen W e i h s m a n n zu führen. Diese Änderung des Familiennamens erstreckt sich auf seine Ehefrau.

Berlin, den 17. Februar 1921.

Ermächtigung.
III d 529 -21.

Der Justizminister.
(Im Auftrage.
(L.S.) gez. Dr. A u s.
A u s g e f e r t i g t.
Buer i/W., den 11. März 1921.
Gerichtsschreiber des Amtsgerichts.

Weihsmann als neuer Name ist der Versuch einer Eindeutschung des alten Namens Bielski (polnisch biały = weiß)

August Friedrich war verheiratet, hatte aber offensichtlich noch keine Kinder, da sie hier nicht aufgeführt sind. Bei der Antragstellung war er 23 Jahre alt. Es kann vermutet werden, dass das junge Paar in naher Zukunft Kinder bekommen wollte. Die Namensänderung war also eine bewusste Entscheidung für die Zukunft der ganzen Familie.

Die Namensänderung wurde im preußischen Justizministerium in Berlin genehmigt. Die Ausfertigung erfolgte durch das Amtsgericht Gelsenkirchen-Buer am 11. März 1921

Deutung: Die Änderung eines Namens ist eine weit reichende Entscheidung, die die eigene Identität berührt. Sie war daher von Friedrich August Bielski und seiner Frau vermutlich sehr gut überlegt. Die Gründe sind nur zu vermuten. Entweder sah er sich als Deutscher, dann wäre die Quelle ein Beleg für eine vollzogene Integration unter Aufgabe der eigenen Wurzeln. Oder aber er befürchtete für sich und vor allem für seine zukünftigen Kinder eine Diskriminierung durch einen polnischen Namen, die er eventuell selbst schon erlebt hat. Dann wäre die Quelle ein Beleg für bestehende Ausgrenzungen.

Abb. 3: Demonstrierende Quellenauswertung (Quelle: Landesarchiv NRW W Q525/Amtsgericht Gelsenkirchen-Buer I, Nr. 190 sowie eigene Darstellung)

keit des historischen Lernens im Archiv positiv erfahren wird. Hier kommen die archivpädagogische Vorbereitung, Unterstützung und Begleitung der Lernprozesse zum Tragen.

demonstrierendes entdeckendes Lernen

- Demonstrierendes entdeckendes Lernen bedeutet vor diesem Hintergrund, dass an einem Beispiel einzelne Schritte des Forschungsweges mit dem Ziele durchgespielt werden, die Schülerinnen und Schüler zur Übertragung auf das eigene Arbeiten zu befähigen. Die Demonstration kann sich auf die Entwicklung einer geeigneten Fragestellung beziehen, auf die Recherche in den Findmitteln des Archivs, auf die quellenkritische Auswertung eines exemplarischen Dokumentes o.ä. (siehe Abb. 3).

gelenktes entdeckendes Lernen

- Beim gelenkten entdeckenden Lernen kann der Forschungsprozess durch didaktische wie pragmatische Vorentscheidungen auf verschiedenen Ebenen gesteuert werden, z.B. durch die Eingrenzung der Untersuchungsfragen, die Formulierung konkreter Arbeitsaufträge, die Festlegung des Zeitrahmens, Vorgaben zur Präsentationsform, vor allem aber durch die Vorauswahl der zu untersuchenden Archivalien anhand der Kriterien inhaltliche Relevanz, Exemplarität, Multiperspektivität, Verständlichkeit und Lesbarkeit. In einer Forschungswerkstatt zur Migrationsbewegung der Gastarbeiterinnen und Gastarbeiter in der Bundesrepublik der 1960er Jahre werden beispielsweise Archivalien zu den festgelegten Themenbereichen „Anwerbung", „Arbeitsverhältnisse", „Wohnverhältnisse" und „Integration" bereitgestellt und innerhalb dieser Unterthemen dann jeweils ausgewählte Berichte, Plakate, Flugblätter oder Akten. Auch innerhalb einer Akte können einzelne Schreiben besonders kenntlich gemacht werden. Diese Vorauswahl entlastet die Schülerinnen und Schüler einerseits, ermöglicht andererseits aber in dem geschaffenen Rahmen ein selbstständiges Entdecken und Forschen. Denn die ausgewählten Quellen sollten „reich an Details sein, an denen es viel zu entdecken gibt" und sich eben dadurch von den „Quellensplittern" der Schulbücher abheben (Henke-Bockschatz 2016, 25). Der Vorteil eines solchen Lehr- und Lernarrangements besteht zweifelsohne darin, die erforderliche Steuerung und die mögliche Selbstständigkeit an die Lernvoraussetzungen der Schülerinnen und Schüler wie auch an den zur Verfügung stehenden zeitlichen oder organisatorischen Rahmen der Lerngruppe von Fall zu Fall anzupassen. Bei Projektarbeiten etwa kann sich die Unterstützung mit einem minimalen Maß an Steuerung auf die Vorrecherche und Bereitstellung relevanter Archivalien beschränken, so dass alle weiteren Schritte der Selbststeuerung unterliegen.

- Am Endpunkt der Skala steht das freie entdeckende Lernen, das den Lernenden die größtmögliche Freiheit auf allen Entscheidungsebenen lässt und nur Unterstützung und Beratung auf Nachfrage im Hintergrund anbietet. Diese Variante setzt bereits ein hohes Maß an Kompetenzen voraus, ist in der Praxis aber durchaus anzutreffen, etwa im Rahmen von Seminar-, Fach- und Projektarbeiten oder Wettbewerbsbeiträgen in den höheren Jahrgängen. Hierbei nehmen sich Schülerinnen und Schüler ein eigenes Forschungsprojekt vor: Sie formulieren innerhalb eines gesetzten Rahmens historische Fragestellungen, recherchieren weitgehend selbstständig an außerschulischen Lernorten und werten in einem oder auch mehreren Archiven Archivalien quellenkritisch aus. Seminar-, Fach- und Projektarbeiten sind dabei je nach Bundesland an die schulische Laufbahn der Sekundarstufe II angebunden. Wettbewerbsbeiträge stehen außerhalb der Curricula und orientieren sich an den konkreten Ausschreibungen, wie z.B. der von der Hamburger Körber-Stiftung getragene Geschichtswettbewerb des Bundespräsidenten (siehe hierzu Kap. 5, Abschnitt Geschichtswettbewerb).

freies entdeckendes Lernen

Mit abnehmender Lenkung und zunehmender Selbststeuerung gewinnt der Lern- und Erkenntnisprozess an Offenheit sowohl hinsichtlich des eingeschlagenen Weges der Quellen- und Methodenwahl als auch – damit aufs engste verbunden – hinsichtlich der Ergebnisse. Den Schülerinnen und Schülern wird damit die Chance gegeben, tatsächlich etwas Neues zu entdecken und nicht nur das herauszufinden, was im erarbeitenden oder aufgabenzentrierten Geschichts-

Selbststeuerung

unterricht als Stundenziel vorab definiert war. Seitens der Betreuenden, seien es Archivpädagoginnen und -pädagogen oder Lehrkräfte, erfordert dieser Ansatz Vertrauen und die Bereitschaft, eine veränderte, dezentrale Rolle als Lernbegleiter oder Lerncoach einzunehmen und dabei den eigenen Wissensvorsprung nicht als Legitimation für steuernde Eingriffe einzusetzen.

historisches Erkenntnisverfahren

Das forschend-entdeckende Lernen orientiert sich am fachwissenschaftlichen Forschungsprozess (Wolter 2018, 32 f.). Beiden gemeinsam ist das historische Erkenntnisverfahren, das im Lernprozess offen oder gelenkt, ganz oder in Teilen handelnd durchlaufen wird. Konsequenter und unmittelbarer als es im Geschichtsunterricht möglich ist, werden Schülerinnen und Schüler im Archiv tatsächlich zu Forscherinnen und Forschern. Sie begegnen dort unbearbeiteten historischen Überresten, die in die Hand genommen, betrachtet, befragt, gelesen, eingeordnet und gedeutet werden müssen, um etwas über die dahinterstehenden Personen, Ereignisse, Strukturen und Zusammenhänge zu erfahren. Trotz der Analogie zum wissenschaftlichen Arbeiten ist das Verfahren im Kern niedrigschwellig und eignet sich in einem entsprechenden Lehr-Lernarrangement für Schülerinnen und Schüler mit ganz unterschiedlichen Lernvoraussetzungen. Aus einem historischen Stadtplan werden ohne große Vorkenntnisse Unterschiede wie Gemeinsamkeiten zum heutigen Erscheinungsbild sichtbar, ein Auszug eines Stasi-Berichtes lässt sehr schnell das Ausmaß der Überwachung erkennen und ein Aufruf zur Sammlung von Obstkernen die Versorgungslage an der „Heimatfront“ des Ersten Weltkrieges. Dabei drängt sich mit dem unbehandelten, sperrigen und rohen Quellenmaterial des Archivs in den Händen ein quellenkritischer Zugang fast intuitiv auf oder liegt zumindest so nahe, dass er mit einfachen Impulsen vollzogen wird. Anders als bei den bereinigten Quellenausschnitten der Schulbücher, die zumeist gekürzt und passend in einen Problemzusammenhang eingeordnet vorliegen, lässt sich hier sehr schnell eine kritische Haltung aufbauen. Vor der prächtig gestalteten mittelalterlichen Herrscherurkunde zum Beispiel wird fast zwangsläufig die Frage nach der Intention entstehen, also warum der Herrscher sie in einer derart aufwändigen Form ausgestellt hat. Beim Lesen eines Feldpostbriefes aus dem Erste Weltkrieg wird die Perspektivität und damit sowohl die Authentizität wie auch die Individualität der Wahrnehmung des Krieges schnell erkennbar. Das fachmethodische Handwerkszeug wird im Archiv also nicht theoretisch und lehrbuchmäßig vermittelt, sondern praktisch und handelnd in Auseinandersetzung mit dem Original erworben und angewendet.

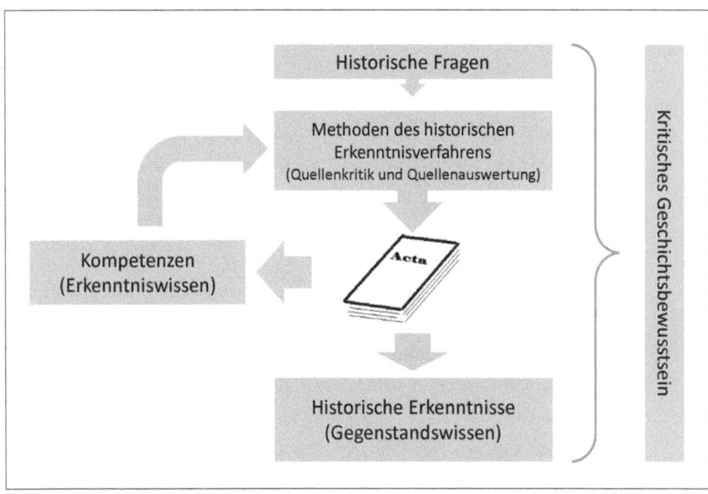

Abb. 4: Das Archiv als Forschungswerkstatt (eigene Darstellung)

Erkenntnis- und Gegenstandslernen

Das Archiv gleicht als Ort des Entdeckens und Forschens somit einer Forschungswerkstatt, in der fachspezifisches Material (die Quellen) mit geeigneten Werkzeugen, Techniken und Verfahren (die historische Erkenntnismethode) bearbeitet wird, um am Ende ein eigenes Produkt (eine historische Erkenntnis) zu erstellen (siehe Abb. 4). Ebenso wie ein Handwerker im Arbeitsprozess nicht nur sein Produkt erschafft, sondern durch die tätige Ausübung auch seine Technik verfeinert, vollzieht sich der forschend-entdeckende Lernprozess auf zwei Ebenen. Zum einen werden neue Einsichten zum historischen Gegenstand gewonnen (Gegenstandslernen), zum anderen der Weg der historischen Erkenntnisgewinnung eingeübt oder vertieft (Erkenntnislernen). Beide Ebenen konstituieren ein kritisches Geschichtsbewusstsein.

Re-Konstruktion und De-Konstruktion

Indem Schülerinnen und Schülern durch eigene Handlungen Geschichte eigentätig re-konstruieren und narrativieren, gewinnen sie einen anschaulichen Einblick in den Konstruktions- und Narrationscharakter von Geschichte. Sie durchschauen den Entstehungsprozess von Geschichtsbildern, erkennen die Rolle von Quellen und ihren Deutungen und werden auf diese Weise für das Gemacht-Werden von Geschichte sensibilisiert. Dieses Erkenntniswissen schafft ein Grundverständnis, um wiederum andere Narrationen kritisch hinterfragen, beurteilen und korrigieren zu können, im Ganzen also zu de-konstruieren. Wenn das in letzter Konsequenz auch ein erweitertes Reflexionsniveau voraussetzen mag, so ist die grundlegende Einsicht nicht zu unterschätzen. Sie gewinnt im multimedialen Erfahrungsraum noch an Bedeutung. Denn Geschichtsbilder begegnen Jugendlichen (wie Erwachsenen) zuallererst nicht in expliziten geschichtskulturellen Diskursen, sondern indirekt und zumeist weniger offensichtlich zunächst in Spielfilmen, Serien und Dokumentationen, in Social-Media-Kommentaren und Games mit historisierenden Anleihen. Das Wissen um den Konstruktionscharakter bildet die Voraussetzung dafür, Geschichtserzählungen als solche zu erkennen, sie nicht per se für gesetzt zu akzeptieren, sie also gegebenenfalls zu relativieren und einordnen zu können.

Kompetenzen und Mündigkeit

Kompetenzerwerb

Das Erkenntniswissen, das bei der Durchführung und Reflexion des forschend-entdeckenden Lernens anhand archivischer Quellen gewonnen wird, zeigt sich bei genauerer Betrachtung als Erwerb von Kompetenzen. Das historische Lernen im Archiv knüpft damit an die curricularen Anforderungen an einen kompetenzorientierten Unterricht an (Link

2012). Die Kompetenzmodelle der Lehr- und Bildungspläne der Bundesländer wie der universitären Geschichtsdidaktik variieren zwar hinsichtlich Begrifflichkeiten und Schwerpunktsetzungen. Im Kern geht es aber immer um den Erwerb von narrativer wie geschichtskultureller Kompetenz, mithin um die Befähigung, Geschichte sowohl re-konstruieren wie de-konstruieren zu können. Es geht im Einzelnen um genau die kognitiven Fertigkeiten und Fähigkeiten, die in der Auseinandersetzung mit archivischen Quellen erworben, angewendet oder vertiefend geschult werden: das historische Fragen, das fachmethodisch korrekte Erschließen und kritische Analysieren von historischen Zeugnissen, das Deuten, Einordnen und Beurteilen dieser Zeugnisse, um letztlich Geschichte narrativ konstruieren und sich aktiv geschichtskulturell positionieren zu können. (Gautschi 2015, 48–66; Barricelli/Gautschi/Körber 2017; Pandel 2013, 207–239).

mediale Mündigkeit

Der Kompetenzerwerb weist dabei über den konkreten Untersuchungsgegenstand und die vorliegenden Archivalien hinaus. Wer gelernt hat, dass ein offizieller Polizeibericht noch lange nicht die „Wahrheit" enthält, sondern perspektivisch gebunden ist und dabei selektiv einer bestimmten Intention folgt, wer aus einem Flugblatt die Beschreibung desolater gesellschaftlicher oder politischer Zustände herausliest und dabei zu bedenken gelernt hat, dass die Realität nicht eins zu eins abgebildet wird, wer also schriftliche, bildliche oder audiovisuelle Dokumente quellenkritisch greifen und einordnen kann, der wird diese kritische Urteilsfähigkeit auch in anderen Kontexten anwenden können. Die fachmethodische Arbeit mit historischen Quellen, die ja immer auch zeittypische Medien sind, schult durch die Fragen nach Intentionen, Perspektiven, Aussagewert und Glaubwürdigkeit das kritische Analysieren und Deuten von medial vermittelten Äußerungen und Darstellungen jedweder Form. Denn die im Archiv und anderorts an historischen Medien praktizierte historisch-kritische Methode lässt sich vom Ansatz her auf den Umgang mit gegenwärtigen Medien übertragen und kann somit einen grundlegenden Beitrag für die Ausbildung von allgemeiner, analoger wie digitaler Medienkompetenz leisten. Im Archiv wird somit immer auch mediale Mündigkeit gefördert. (Danker/Schwabe 2017, 40–42; Danker/ Schwabe 2020, 415; Kerber 2015, 129 f.; Kerber 2017, 50ff.).

Schülerinnen- und Schülerorientierung

Mit der Ausrichtung auf fachspezifische wie überfachliche Kompetenzen lässt sich das historische Lernen im Archiv in mehrfacher Hinsicht als schülerinnen- und schülerorientiert charakterisieren (Wolter 2018, 45 ff.). Denn im Mittelpunkt stehen nicht die Archivalien. Sie werden gerade nicht als Illustrationen im Spotlight herangezogen, die es ehrfurchtsvoll zu bestaunen gilt. Sie sind vielmehr ein Mittel zu dem Zweck, subjektive Neugier zu befriedigen und Fragen zu beantworten. Die Schülerinnen und Schüler werden als Forschende und Entdeckende zu handelnden und gestaltenden Subjekten des eigenen Lern- und Erkenntnisprozesses. Die Offenheit der Deutung archivischer Quellen lässt eigene Erkenntnisse und Urteile zu. Und alle archivpädagogischen Arrangements haben letztlich das Ziel, den Lernenden freien Lauf zu lassen, steuern also auf einen möglichst hohen Grad an Selbstständigkeit und Selbststeuerung des individuellen Erkenntnisweges zu.

Handlungs- und Produktorientierung

Mit dieser Art der Schülerorientierung eng verbunden sind die Prinzipien der Handlungs- und Produktorientierung. Die Handlungsorientierung ist in dem sinnlich-tätigen Vollzug und Ausprobieren des historischen Erkenntnisprozesses verankert. Es ist ein instrumentelles „Handeln ähnlich wie ein Historiker" (Völkel 2017, 44) und dies noch dazu im ganz konkreten Sinne, beginnend mit dem Aufsuchen des Archivs, der Recherche, dem In-die-Hand-Nehmen der Archivalien bis hin zur narrativierenden Konstruktion und Präsentation von Geschichte als einer Form kommunikativen Handelns. Letzteres kann – als eine weitere Dimension der Handlungsorientierung – über Archiv und Schule hinaus in einen geschichtskulturellen Diskurs eingreifen. Alle Handlungszweige münden in einem Ergebnis, einem geformten, zuweilen auch kreativ gestalteten Produkt, über das die gewonnenen Einsichten präsentiert werden. Handlung wie Produkt verweisen auf die Lernenden als forschende Subjekte.

Damit einher geht schließlich bei gelingenden Untersuchungsvorhaben eine auf die Lernenden zurückspiegelnde Bestätigung des eingeschlagenen Weges, eine Ermutigung (Wolter 2018, 45) und die entwicklungspsychologisch kaum zu überschätzende Erfahrung von Selbstwirksamkeit. „Mit jeder neuen Information einen Schritt weiter zur Vollendung seiner Arbeit zu kommen. Und am Ende natürlich das Gefühl, dass man endlich fertig ist und etwas geschafft hat, worauf man stolz sein kann." – So fasste eine 16-jährige Schülerin ihre Erfahrungen mit dem eigenen Forschungsprozess zusammen (zitiert nach Beck 2009, 199). Ähnlich rückblickend ein Schüler, der im Rahmen des Geschichtswettbewerbs die Geschichte des KZ-Außenlagers Hersbruck aufgedeckt hatte: „Ich hatte von Woche zu Woche mehr Informationen. Es gab ständig Erfolgserlebnisse". Seine Arbeit brachte vor Ort viel in Bewegung. Gegen massive Widerstände konnte er den Weg für eine neue lokale Erinnerungskultur bereiten (Aures 2006, 27).

Selbstwirksamkeit

In der Zusammenschau der hier ausgeführten Implikationen des historischen Lernens im Archiv gewinnt eine zentrale, ebenso pädagogische wie politische Ausrichtung an Kontur: das historische Lernen im Archiv lässt sich als Demokratiebildung durch demokratisches Handeln auf dem Felde des Historischen charakterisieren. Die Bildung zeigt sich dabei in doppelter Richtung, indem die Schülerinnen und Schüler demokratische Teilhabe erlernen und zugleich durch eben diese Partizipation die demokratische Gesellschaft ein kleines Stück weit mitgestalten. Die so verstandene Demokratiebildung findet auf drei Ebenen statt:

Demokratiebildung

- Erstens lernen Schülerinnen und Schüler wie gezeigt durch den in der Praxis angeleiteten, im Kern aber autonomen Zugang zu historischen Zeugnissen, die plurale Geschichtskultur mit eigenen Sichtweisen, Narrationen und Urteilen zu ergänzen und zu bereichern, manchmal auch aufzubrechen.
- Zweitens bilden sie durch quellenkritisches Handeln losgelöst vom Untersuchungsgegenstand übertragbare Medienkompetenzen aus, die Orientierung, Positionierung

und mündige Partizipation in gegenwärtigen geschichtskulturellen, gesellschaftlichen oder politischen Diskursen ermöglichen.
- Drittens leuchten sie bei der inhaltlichen Beschäftigung mit der deutschen Geschichte immer auch den Erfahrungsraum von demokratischen wie anti-demokratischen Bewegungen, von Diktaturen und Demokratien im eigenen Umfeld aus und werden so zu Werturteilen angeregt und aufgefordert.

Auf allen drei Ebenen leistet historisches Lernen im Archiv somit einen Beitrag zur historischen, geschichtskulturellen und zivilgesellschaftlichen Mündigkeit (Aspelmeier/Beck/Erdmann 2022, 255; Danker/Schwabe 2020, 419; Janowitz 2022).

4. Arbeiten mit Quellen im Archiv

Archivalien – direkte Zugriffe auf die Vergangenheit

Begegnung mit dem Original

In den Originalen des Archivs begegnet Schülerinnen und Schüler ein materialisiertes Stück „vergangenen menschlichen Handelns und Leidens“ (Pandel 2012, 11) in unmittelbarer und damit auch ungebrochener Form. Die Begegnung mit den Archivalien, denen eine Aura des Authentischen und manchmal des Geheimnisvollen umgibt, ruft eine eigenwillige Mischung aus Ehrfurcht und Neugier hervor. Didaktisch wirkt sich dies oftmals wie ein Weckruf zur Selbsttätigkeit aus. Dabei wird die Erstbegegnung mit den Originalen zunächst einmal irritieren. Denn die aus dem Schulbuch bekannten Quellen gleichen eher Quellenschnipseln, die transkribiert, gekürzt, zum Teil sprachlich-stilistisch geglättet und von inneren Brüchen befreit, mit einer zusammenfassenden Überschrift sowie einer die Richtung vorgebenden Erschließungsaufgabe versehen und in einen thematischen Zusammenhang so eingepasst worden sind, dass für eine offene Interpretationsleistung wenig Spielraum bleibt.

Ursprünglichkeit

Im Archiv dagegen bekommen Schülerinnen und Schüler eine Urkunde, ein Flugblatt, einen Stadtplan, ein Plakat, einen Brief oder eine ganze Akte so zu Gesicht, wie sie ihre Zeit jeweils hervorgebracht hat, also als Ganzes, ohne Kürzungen und Reduktion auf Ausschnitte, noch dazu in ihrer ursprünglichen Sprache und Schrift. Auffallend ist die fremde Typographie einer Druckerpresse oder mechanischen Schreibmaschine, ebenso die Individualität einer Handschrift. Ins Auge fällt zudem die besondere Materialität als Pergament, als dickes Aktenbündel, als bedrucktes oder beschriebenes Papier aus Hadern oder Holzschliff. Die spezifische Materialität ist dabei auch immer Ausdruck des Entstehungskontextes und damit Teil der Interpretation. Eine großformatige Pergamenturkunde zeugt von Macht, dünnes Papier der Nachkriegsjahre von Mangelwirtschaft.

Aura des Authentischen

Zudem hat oft die Zeit Spuren hinterlassen, Siegel brüchig gemacht, Geschriebenes oder Gedrucktes ausgeblichen, Ränder ausgefranst oder Teile zerstört. Ursächlich hierfür können Umstände der Lagerung, Naturkatastrophen oder menschliche Eingriffe wie z.B. bewaffnete Konflikte gewesen sein. Es sind diese sinnlich fassbaren Äußerlichkeiten, die die genannte Aura des Authentischen schaffen und zugleich deutlich machen, dass hier Zeugnisse vorliegen, die wie eine Zeitkapsel aus einer anderen Zeit in unsere Gegenwart hineinreichen und nun einen direkten, ungebrochenen Zugriff auf eben diese Vergangenheit erlauben. Grundsätzlich, wenngleich mit Abstrichen hinsichtlich der haptischen Erfahrung, gilt dies auch für digital bereitgestellte Archivalien, seien es Digitalisate von analogen Quellen oder digital entstandene Quellen.

Überlieferungskontexte

Im Archiv wird eine einzelne Quelle zudem nicht losgelöst aufbewahrt, sondern immer in ihrem Überlieferungskontext. Zur Quelle gehört immer auch die Geschichte der Quelle. Eine mittelalterliche Urkunde über die Privilegien eines Klosters wurde bis zur Säkularisation im Archiv des Klosters aufbewahrt und gelangte erst Anfang des 19. Jahrhunderts in ein staatliches Archiv. Ein Rezept für ein „Kriegshausbrot" findet sich in einer Behördenakte zur Regulierung der Lebensmittelversorgung während des Ersten Weltkrieges und die Dokumente zur Enteignung eines jüdischen Geschäftes 1939 in Rückerstattungsakten aus der Nachkriegszeit. Diese Zusammenhänge erschließen sich nicht immer auf den ersten Blick, stellen aber wichtige Informationen für das Verständnis und die Einschätzung des Aussagewertes dar.

Von dem Archivale zur Quelle

Die Archivalien sind für sich genommen zunächst einmal kein didaktisches Material. Auch fachwissenschaftliche Quellen sind sie noch nicht, sondern zuallererst das, was sie ursprünglich in ihrer Zeit einmal waren: ein Brief, ein Foto, ein Flugblatt, eine Urkunde. Zu Quellen, also zum Ursprung unseres Wissens über ihre Zeit, über ihre Verfasser und Adressaten werden sie erst in dem Moment, in dem wir sie befragen. Diesen Fragen können ganz unterschiedliche Erkenntnisinteressen zugrunde liegen, entsprechend unterschiedlich können auch die Informationen sein, die eine Quelle preisgibt. Das gilt für wissenschaftlich arbeitende Historikerinnen und Historiker ebenso wie für Schülerinnen und Schüler. Für beide ergeben sich durch den Zugriff auf die Originale einzigarte Erkenntnischancen, allerdings auch einige Hürden und Herausforderungen, die für die einen durch archivfachliche Beratung, für die anderen durch archivpädagogische Unterstützung gemeistert werden können.

Herausforderungen der Quellenarbeit im Archiv

Herausforderungen und Hilfen

Im Archiv betreten Schülerinnen und Schüler abenteuerliches Terrain, zumindest verglichen mit dem sicheren Gang einer Unterrichtsstunde. Die Spuren der Vergangenheit, denen sie hier begegnen, erscheinen faszinierend und sperrig zugleich. Da sie ursprünglich weder als Forschungsgegenstand noch als didaktisches Material gedacht waren, müssen einige Herausforderungen überwunden werden, um den Schatz der Informationen, den sie in sich bergen, freizulegen. Herausforderungen ergeben sich auf verschiedenen Ebenen. Archivpädagogische Hilfestellungen und Unterstützungsangebote tragen dazu bei, dass Schülerinnen und Schüler sich auf ihrem Forschungsweg nicht verlieren und dazu angeleitet werden, die Hürden zu überwinden oder zu umgehen (siehe Abb. 5).

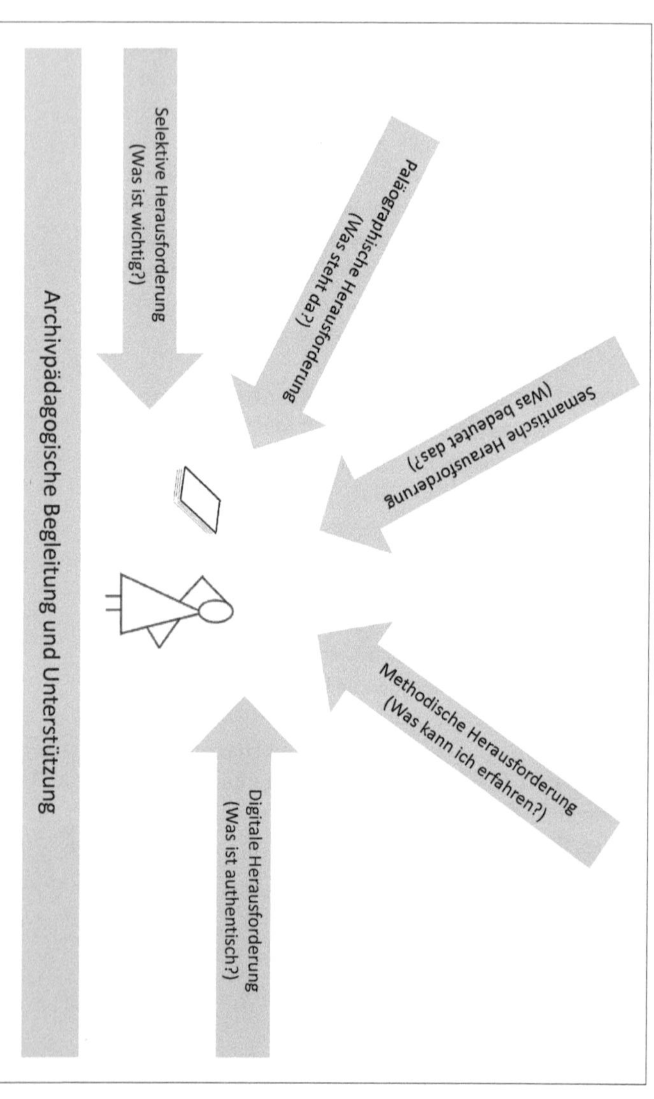

Abb. 5: Herausforderungen der Quellenarbeit im Archiv (eigene Darstellung)

Die selektive Herausforderung

Menge der Überlieferung

Die erste Herausforderung ist selektiver Art (Was ist wichtig?). Zunächst einmal ist die reine Menge der in einem Archiv überlieferten Quellen überwältigend. Sie werden in Regalmetern und -kilometern gemessen, so dass es auf den ersten Blick wie eine Überforderung anmutet, die richtigen Quellen zum eigenen Thema zu finden. Auf der anderen Seite kann auch die Erfahrung frustrierend sein, dass die Überlieferung trotz dieser Menge lückenhaft ist und keineswegs alle Fragen an die Vergangenheit beantwortet werden können.

Findmittel

Zur Orientierung in der scheinbar „labyrinthischen Vielfalt" (Müller-Hennig 2015, 101) stehen die archivischen Findmittel bereit, auf die in analoger oder digitaler Form vor Ort im Archiv oder in Auszügen auch online zugegriffen werden kann: eine Übersicht über alle Bestände eines Archivs sowie zu jedem Bestand Findbücher mit der Verzeichnung der einzelnen Archivalien und ihrer Bestellsignatur. Die Recherche bleibt gleichwohl anspruchsvoll. Die Ordnung des Archivs nach dem Provenienzprinzip, also nach der Herkunft und nicht nach Orten oder Sachbezügen, verlangt danach zu fragen, in welchem Zusammenhang und bei welchen Einrichtungen, Ämtern und Behörden ein Schriftstück oder Bild entstanden sein könnte. Und die bei digitalen Findmitteln mögliche Recherche nach Schlag- und Stichworten erfordert die Kenntnis von zeitgenössischen Begrifflichkeiten, z.B. die Verwendung von „Aufruhr", „Unruhe" oder „Umsturz" bei der Suche nach revolutionären Bewegungen. Archivrecherchen bleiben damit zeitintensiv, zumal sich oft erst bei der genauen Durchsicht eines bestellten Archivales zeigt, ob es verspricht, was von ihm erwartet wurde.

Vorrecherchen

Für die Archivarbeit mit Schülerinnen und Schülern bietet es sich daher an, eine Vorrecherche durchzuführen bzw. von den Archivpädagogen und -pädagoginnen durchführen zu lassen. Schülerinnen und Schüler finden so bei ihrem Besuch im Archiv bereits eine geeignete Quellenauswahl vor – eine gute Voraussetzung dafür, dass der erste Archivtag ein Erfolgserlebnis wird.

Auswahl

Die selektive Herausforderung setzt sich fort, wenn zu einer Fragestellung nicht nur ein oder zwei, sondern deutlich mehr Archivalien in Frage kommen oder auch dann, wenn eine einzelne Akte, die aus einer mehr oder weniger umfangreichen Sammlung von Schriftstücken besteht, durchgeschaut werden muss. Hier gilt es zu entscheiden, was wichtig ist, was eventuell wichtig sein könnte und was nicht weiter beachtet werden muss. Eine Verwaltungsakte enthält manche Redundanzen, z.B. mehrere Versionen eines Briefes (Entwurf, Konzept, Durschläge), oder Schriftverkehr und verwaltungsinterne Vermerke, die keinen Bezug zu den eigenen Fragen haben. Auch hier kann die archivpädagogische Unterstützung je nach Erfordernis helfend eingreifen und auf relevante Passagen hinweisen, z.B. in einer Justizakte auf die Bestandteile Ermittlungsaussagen, Anklageschrift und Urteil. Eine bewährte Strategie ist auch das erste überfliegende Lesen, um die Akte danach entweder beiseitezulegen oder in einem zweiten Durchgang gezielter einzelne Seiten in den Blick zu nehmen. Mit etwas Erfahrung und Selbstständigkeiten werden die Schülerinnen und Schüler am Ende selbst entscheiden können und müssen, was für die eigene Fragestellung wichtig ist und was nicht.

Die paläographische Herausforderung

Schriftarten

Die zweite Herausforderung ist bei schriftlichen Archivalien die paläographische (Was steht da?). Denn jede Zeit hat eine eigene Schrift (zur Schrift Beck 2012). Das Problem stellt sich für uns heute bei älteren handschriftlichen und gedruckten Quellen. Mittelalterliche Urkunden nutzen die lateinischen Buchstaben in speziellen Varianten: die langgezogene littera elongata am Anfang in der Einleitung und am Ende in der Datumszeile einer Urkunde, die Minuskel mit den auffallenden Ober- und Unterlängen und im Spätmittelalter die Kanzleischrift. Hinzu kommen Abbreviaturen und Ligaturen. Von der Frühen Neuzeit bis ins 20. Jahrhundert entwickelt sich die Kanzleischrift als deutsche Schreibschrift (Kurrentschrift) weiter und veränderte ihre Formen. Im Jahre 1911 wurde sie von Ludwig Sütterlin zu einer vereinfachten Ausgangsschrift gestaltet. In gedruckten Quellen wird im deutschsprachigen Raum seit dem 15. Jahrhundert die spätgotische Schrift und in deren Nachfolge die Fraktur in verschiedenen zeittypischen Varianten verwendet. Unter der Herrschaft der Nationalsozialisten wurden 1941 aus machtpolitischen Gründen die deutsche Schreibschrift wie auch die Fraktur zugunsten der lateinischen Schreibschrift und der Antiqua als Druckschrift abgeschafft, die heutigen Schülerinnen und Schülern weniger Probleme bereiten. Das Lesen von Handschriften wird auch ganz unabhängig von der Schriftart allein schon durch die Individualität einer Handschrift erschwert. Durch die Verbreitung der Schreibmaschine seit dem Ende des 19. Jahrhunderts finden sich zunehmend getippte Schriftstücke in den Archiven, die das Lesen deutlich erleichtern. Computerausdrucke und digitale Quellen bereiten keine Leseprobleme mehr.

Hilfen

Für den Umgang mit unbekannten und nur schwer lesbaren Schriften gibt es mehrere Möglichkeiten. Schrifttafeln können helfen, einzelne Sätze oder Passagen Buchstabe für Buchstabe zu entziffern. Die Archivpädagoginnen und -pädagogen können für einzelne, besonders bedeutende Quellen Transkriptionen anfertigen. Eine digitale Texterkennung mit den Mitteln der künstlichen Intelligenz ermöglicht die Plattform Transkribus, die von einem europäischen Forschungsnetzwerk getragen wird (www.readcoop.eu). Ganz pragmatisch lässt sich das Problem umgehen, indem bei der Vorauswahl von Quellen mit archivpädagogischer Unterstützung diejenigen ausgewählt werden, deren Schrift am wenigsten Hürden bietet. Grundsätzlich gilt z.B., dass Quellen in gedruckter Fraktur mit etwas Unterstützung schon sehr gut selbst gelesen werden können, während Quellen in deutscher Schreibschrift für Schülerinnen und Schüler nur mit sehr viel Zeitaufwand erfasst werden.

didaktisches Potenzial

Die Schrift sollte aber nicht nur als Problem und Hürde gesehen werden, sondern auch in ihrem didaktischen Potenzial. Zunächst einmal ermöglicht die Begegnung mit der Originalschrift die Alteritätserfahrung, dass es in anderen Zeiten andere Schriften gab. Hinzu kommt die Erfahrung

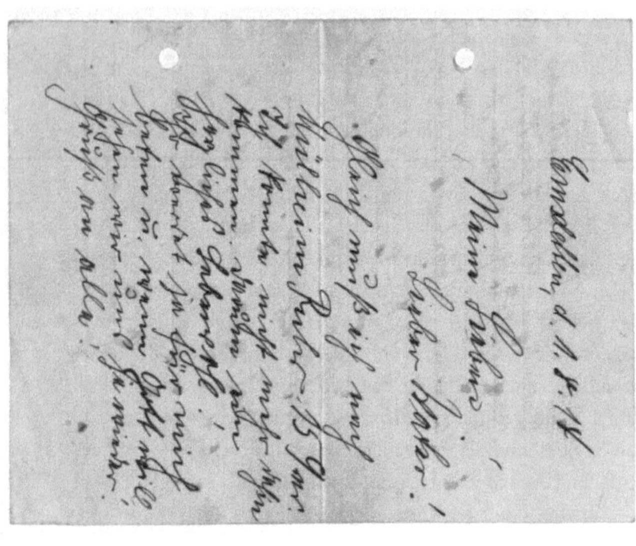

Emsdetten, d. 1.8.14

Meine Lieben!

Lieber Vater!

Gleich muß ich nach
Mühlheim Ruhr 159er.
Ich konnte nicht mehr dahin
kommen. Darum ein
herzliches Lebewohl!
Ihr werdet ja für mich
beten u[nd] wenn Gott will,
sehen wir uns je wieder!
Gruß an alle!

Abb. 6: Original und Abschrift: Abschiedsbrief von Johannes Stegemann bei der Einberufung am 1. August 1914
(Quelle: Landesarchiv NRW W V097/ Nachlass Heinrich Stegemann Nr. 1)

der Unmittelbarkeit, denn schließlich schafft das Lesen einer originalen Handschrift eine unmittelbare Nähe zum längst verstorbenen Schreiber bzw. Schreiberin. Die Art und Weise einer Schrift kann zudem Ausdruck von Lebenssituationen und Gefühlslagen sein und wird so zum Bestandteil der Interpretation. Das gilt zum Beispiel für die hektischen Zeilen eines Soldaten des Ersten Weltkrieges oder die unsichere Unterschrift eines Häftlings unter ein Vernehmungsprotokoll (siehe Abb. 6). Es kann sich daher anbieten, im Rahmen von Schreibwerkstätten die Schrift selbst zum Thema zu machen und über eigene Schreibversuche die Schrift praktisch einzuüben und damit auch das Lesen.

Schreibübungen

So können in einem ersten Schritt anhand einer Schrifttafel der Kanzlei- oder Sütterlinschrift die Besonderheiten einzelner Buchstaben und des Schriftzuges erklärt werden, um dann in einem zweiten Schritt die Schülerinnen und Schüler auf einem linierten Bogen selbst etwas in der fremdartigen Schrift schreiben zu lassen, etwa den eigenen Namen oder einen beliebigen Satz. Ist das Ergebnis lesbar, ist schon eine erste Hürde genommen und es kann versucht werden, einen ausgewählten Satz aus einer Quelle selbst zu entziffern. Erfolge stellen sich schnell ein und mit etwas Übung ist der Zugang zu umfangreicheren Texten geschaffen.

Die semantische Herausforderung

Verstehenshemmungen

Die dritte Herausforderung ist die semantische (Was bedeutet das?). Zwischen dem Lesen und Betrachten einer Quelle und dem Verständnis dessen, was dort geschrieben oder abgebildet ist, können sich zahlreiche „Verstehenshemmungen" (Pandel 2012, 134) stellen, die die Interpretation erschweren. Sie sind ausschließlich sprachlicher Art und können sich sowohl bei Textquellen als auch bei Bildquellen, hier hinsichtlich der Bildsprache, ergeben. Der Grund dafür liegt auf der Hand. Die Sprache der Quellen stammt aus ihrer jeweiligen Zeit und in dieser Zeit aus einem bestimmten sozialen oder politischen Kontext. Sie ist in der Regel nicht mit dem Sprachgebrauch der Schülerinnen und Schüler identisch, weicht je nach Zeitabstand sogar deutlich von ihm ab (vgl. Handro 2014, 141; Pandel 2012, 134–148). Sprachliche Verständnisschwierigkeiten können sich bei Textquellen auf verschiedenen Ebenen ergeben:

- Einzelne Begriffe sind gänzlich unbekannt. Das können Fachbegriffe aus einem speziellen Sachkontext sein (z.B. „Gedinge" für Akkordarbeit im Bergbau, „Oberprima" für den Abschlussjahrgang eines Gymnasiums) oder auch verwaltungstechnische oder juristische Fachbegriffe im Schriftverkehr von Behörden (z.B. „Erlass" für eine gesetzesähnliche Anordnung, „Zeitungsbericht" für einen internen amtlichen Bericht über Ereignisse in einem bestimmten Gebiet und Zeitraum).
- Begriffe sind grundsätzlich bekannt, haben sich aber in ihrer Bedeutung gewandelt (z.B. „Weib" in der ursprünglichen, nicht abwertenden Bedeutung für „Frau").
- Begriffe können grundsätzlich bekannt sein, unklar bleibt aber das umfassende kontextuale Bedeutungsgefüge, in das sie eingebunden waren. So können sich Schülerinnen und Schüler unter „Leibeigenschaft" zwar etwas vorstellen, das dahinterstehende System der Grundherrschaft mit seinen speziellen Abhängigkeitsverhältnissen bleibt aber unscharf.
- Letzteres gilt insbesondere für ideologisch aufgeladene Begriffe („Klassenkampf", „jüdischer Bolschewismus"), hinter denen sich ganze Weltanschauungen mit ihren spezifischen Norm- und Wertvorstellungen verbergen. Nicht selten handelt es sich hierbei auch um Euphemismen („Schutzhaft", „Evakuierung nach dem Osten"), die erkannt werden müssen.
- Hinzukommen spezielle Abkürzungen, die nicht unmittelbar aufgelöst werden können. Abkürzungen können sich auf einen Sachkontext beziehen, z.B. auf Organisationen („NSKK" für Nationalsozialistisches Kraftfahrerkorps), oder auf Verwaltungshandeln („v.g.u." unter einem Protokoll für vorgelesen, genehmigt, unterschrieben).
- Historische Maß-, Währungs- und Datierungsangaben sind in den allermeisten Fällen ebenfalls unbekannt. Eine

Umrechnung ist außer bei Währungsangaben meist leicht möglich.

- Bei amtlichem Schriftverkehr sind oftmals die jeweiligen historischen Behörden, ihre Funktion und Stellung in der Verwaltungshierarchie unbekannt. Insofern es sich dabei um Verfasser oder Adressaten handelt, sind zumindest Grundinformationen für die Interpretation und Bewertung erforderlich.
- Auch ganze Satzgefüge können sich aufgrund der andersartigen (bzw. noch nicht vorhandenen) Rechtschreibung und Interpunktion, verwirrender Redundanzen oder Floskeln als sperrig erweisen („Und dann unß und unseren Successoren gehorsamb, treu und holt sein, und verpleiben, Auch allen respect, ehrerbietung und gewertigkeit beweisen sollen und wollen, alles mit außtrücklichen Vorbehalt unserer in der Stadt habender Landtsfürstlicher Obrigkeit regalien, Zucht und gerechtigkeiten, und krafft derselben alles Obrigkeitliche einsehend, sonderlich in fällen, welche die gemeine ruhe und Sicherheit berühren": Einforderung des Gehorsams durch den Münsteraner Fürstbischofs von der Stadt Münster in einem Reskript/Erlass von 1661, Landesarchiv NRW W B101/Domkapitel Münster (Akten) Nr. 2553).
- Schließlich kann die verwendete Sprache selbst dem Verstehen entgegenstehen, wenn es sich etwa um lateinische, mittelhochdeutsche, ober- bzw. niederdeutsche Urkunden oder um englische, französische oder russische Anordnungen von Besatzungsbehörden in der Nachkriegszeit handelt.

Hilfen

Diese sprachlichen Hürden sind ähnlich wie die bereits genannte Schrift ein wesentlicher Bestandteil der Unmittelbarkeit der Quellen. Sich ihnen zu stellen, gehört somit zum Lern- und Erkenntnisprozess. Sprachprobleme, die reine lexikalische Verständnisprobleme sind, lassen sich einfach lösen, etwa durch eigene Recherchen oder archivpädagogische Hilfestellungen. Manches klärt sich zudem aus dem vorliegenden Text selbst oder durch die Anwendung von Kontextwissen. Grundsätzlich gilt jedoch, dass Schülerinnen und

Schüler punktuelle und gezielte Unterstützungen benötigen, um die Sprache der Quellen zu verstehen.

Sprachkompetenz

Die sprachlichen Herausforderungen verweisen schließlich darauf, dass der Erwerb und die Anwendung von Sprachkompetenz integraler Bestandteil der fachlichen Kompetenzen und damit des historischen Lernens insgesamt sind (Handro/Schönemann 2022; Bernhardt/Conrad 2018). Aus archivpädagogischer Sicht besteht die Aufgabe darin, den Lernenden mit ihren heterogenen Sprachvoraussetzungen den Zugang zur zunächst fremden Sprache der Quellen zu ermöglichen, ebenso aber auch die fachsprachliche Deutung dieser Quellen und die Narrativierung sowie Kommunikation der Erkenntnisse. Die Originalsprache der Originalquellen kann dabei als didaktische Ressource genutzt werden, nämlich als Anlass sprachsensiblen Lernens und Lehrens. Wenn in einem Strafprozess von 1948 gegen die Täter der Pogromnacht zehn Jahre zuvor ausnahmslos von einer „Judenrevolte“ die Rede ist, so kann dieses Wort der Anstoß sein, die verwendete Sprache in ihrem Kontext kritisch zu reflektieren. Das Verstehen der Quellensprache und die Auseinandersetzung mit ihr ist somit immer auch bereits Teil des Deutungs- und Erkenntnisprozesses.

Die methodische Herausforderung

historisches Erkenntnisverfahren

Die vierte Herausforderung ist die methodische (Was kann ich erfahren?). Es müssen Schritte des historischen Erkenntnisverfahrens so angewendet werden, dass aus einem Flugblatt, einem amtlichen Schreiben oder einer Fotografie empirisch abgesichertes Wissen generiert werden kann. Damit dies gelingt, müssen die zunächst einmal stummen historischen Zeugen hinsichtlich des Inhalts befragt und zugleich hinsichtlich ihres Aussagewertes kritisch hinterfragt werden. Beide Fragehaltungen machen aus dem Flugblatt, dem Schreiben oder dem Foto eine handhabbare Quelle gegenwärtigen Lernens und Forschens. Beide Fragen sind notwendige Bestandteile des Interpretationsverfahrens und damit Voraussetzungen für einen empirisch begründeten Erkenntnisgewinn. Im Umkehrschluss bedeutet dies, dass die

Quellen stumm bleiben oder nur unsichere, wenn nicht sogar falsche Informationen liefern werden, wenn sie nicht befragt und kritisch hinterfragt werden.

Schritte der Interpretation

Das Archiv ist nicht der Ort, an dem ein starres formales Schema der Quellenanalyse und -interpretation lehrbuchmäßig durchexerziert werden sollte, wie es in schulischen Klausuren im Sinne einer Lernerfolgskontrolle eingefordert wird. Ein allgemeinverbindliches Schema gibt es hierfür auch nicht (Pandel 2012, 183). Zentrale Schritte der kritischen Quelleninterpretation sind jedoch als „methodische Hilfsmittel und Kontrollinstrumente" (Handro 2018b, 162) unverzichtbar und bewähren sich im archivischen Praxiseinsatz. Sie drängen sich Schülerinnen und Schülern bei der Begegnung mit Originalen in der Probier- und Experimentiersituation des Archivs fast zwangsläufig auf, da anders als im Schulbuch sämtliche erläuternden Hinweise fehlen. Das Original provoziert im Idealfall folgende Fragen:

äußere Quellenkritik

- Fragen der äußeren Quellenkritik (formale Analyse): Anhand der klassischen W-Fragen sind die historischen Hintergründe eines Schriftstücks oder Bildes zu klären, also der Verfasser bzw. die Verfasserin, dessen bzw. deren Perspektive und Stellung im Geschehen, Adressaten, Intention, Zeit, Ort, Anlass und Kontext der Entstehung sowie die Quellenart. Das wird nicht immer im vollen Umfang möglich oder erforderlich sein. Gleichwohl erlaubt diese Klärung eine erste Beurteilung der Glaubwürdigkeit, d.h. des Aussagewertes und damit eine Einschätzung dessen, was die Quelle überhaupt bieten kann. So wird z.B. klar, dass in einer normativen Quelle wie der ministeriellen Anordnung eines St.-Napoleon-Festes aus dem Jahre 1807 keine Informationen über die tatsächliche Verehrung des französischen Kaisers enthalten sein werden, wohl aber zur Herrschaftstechnik. Ebenso wird die Aussage eines Schulleiters und ehemaligen NSDAP-Mitgliedes in einem Entnazifizierungsverfahren, er habe stets im Konflikt zur Partei gestanden, schnell als interessengeleitet und damit nur bedingt wahrheitsgetreu eingeordnet werden.

innere Quellenkritik

- Fragen der inneren Quellenkritik (inhaltliche Analyse): Ausgehend und geleitet von den eigenen Untersuchungsfragen sowie unter Berücksichtigung des Aussagewertes lassen sich der Quelle Informationen über Ereignisse und Entwicklungen, über Personen, ihre Handlungen und Gedanken entnehmen. Darin liegt der Erkenntniswert einer Quelle begründet. Sie ist als Link in die Vergangenheit so gesehen das Mittel zu einem Erkenntniszweck. Das, was eine Quelle preisgibt, hängt dabei von den Fragen ab, die an sie gestellt werden. Aus einem Ratgeber zur „Sommerkriegsküche" von 1915 lassen sich sowohl Einblicke in die volkswirtschaftliche Versorgungskrise wie auch in die Frauenrollen während des Krieges gewinnen. Quellen offenbaren ihre Informationen allerdings nicht in gleichem Maße. Das Datum einer Protestversammlung 1848, die Wahlergebnisse 1933 vor Ort oder das Urteil in einem Strafprozess sind noch relativ leicht zu entnehmen. Sobald jedoch Handlungen und Sichtweisen in ihrem Zusammenhang gedeutet und verstanden werden müssen, ist eine Interpretationsleistung im Sinne eines Mitdenkens und Verstehens gefragt.

hermeneutischer Verstehensprozess

- Die besondere Herausforderung besteht darin, dass sich hierbei zwei fremde Lebens- und Erfahrungswelten begegnen, nämlich die der verfassten Quelle, ihres Autors und ihrer Adressaten auf der einen Seite und die der interpretierenden Schülerinnen und Schüler auf der anderen. Der hermeneutische Prozess des Verstehens erfolgt in Form einer Annäherung, die die Distanz niemals ganz überwinden, aber verringern kann (vgl. Pandel 2012, 110–124 und 181 f.). Für die Schülerinnen und Schüler bleibt damit ein Deutungsspielraum, der mit Hilfe von Kontextwissen, Abgleich mit anderen Quellen, Übertragungen und Schlussfolgerungen kreativ zu füllen ist. Der 1921 gestellte Antrag des polnischstämmigen Bergarbeiters August Friedrich Bielski aus Gelsenkirchen-Buer, seinen Namen in Weihsmann zu ändern, also einzudeutschen, kann auf dem ersten Blick als ein Akt gelungener Integration verstanden werden (siehe Abb. 3). Ebenso gut ist es aber möglich, dass Bielski sich zu diesem Schritt aufgrund von Diskriminierungserfahrungen wegen seines Namens entschloss. Dann wäre dieser Antrag ein Beleg für fortdauernde Ausgrenzungen der polnischstämmigen Zuwanderer. Eine letzte Gewissheit wird es hier nicht geben, sofern nicht andere Quellen, etwa Lebenserinnerungen, ergänzend herangezogen werden können. Quelleninterpretationen fehlt die letzte Sicherheitsgarantie. Gleichwohl kann die Interpretation eine relative empirische Gewissheit schaffen: relativ, weil die historische Realität niemals objektiv rekonstruiert werden kann, und empirisch, weil die Auswertung der Quelle immerhin zu einer belastbaren Triftigkeit führen kann.

Hilfen

Zur Unterstützung der Schülerinnen und Schüler in diesem Analyse- und Deutungsprozess können archivpädagogische Arrangements im Sinne eines Scaffolding helfen. Abgestimmt auf die Lernvoraussetzungen der Schülerinnen und Schüler leiten dann Hinweise und Frageimpulse als Interpretationsgerüste den Forschungsprozess im Archiv. Hierzu bieten sich konkrete Untersuchungsfragen für die formale Analyse und inhaltliche Auswertung an, ebenso quellenkundliche Hinweise, die niedrigschwellig und fachwissenschaftlich korrekt die Aussagekraft und besonderen Merkmale einzelner Quellengattungen aufzeigen (siehe Abb. 7). Ein gelungenes Beispiel hierfür ist der E-Guide der Arolsen Archives mit verständlichen Hinweisen zu den dort überlieferten besonderen Dokumententypen, ihren historischen Kontexten und Aussagewerten (Jah/Menschick/Moller/Vogt 2022, 268f.). Andere Archive stellen Ähnliches bereit (z.B. Schüler forschen im Archiv 2015, 22–69).

Quellenauswahl

Bereits in der Vorbereitung der Lernprozesse ist es möglich, durch eine didaktisch reflektierte Quellenauswahl den Interpretationsweg unsichtbar zu bahnen. Auf diese Weise kann gewährleistet werden, dass das forschend-entdeckende Lernen im Archiv zu greifbaren Ergebnissen und damit zu Lernerfolgen führt. Bei der Vorauswahl geeigneter Archivalien sind insbesondere zu berücksichtigen (nach Handro 2018b, 158f.):

- das Provozieren von Fragen durch die Quellen selbst,
- das an die jeweiligen Lernvoraussetzungen anknüpfende inhaltliche und methodische Lernpotenzial von Quellen,
- die Multiperspektivität, ggf. auch Gattungsvielfalt von Quellen,
- die Möglichkeit des Verstehens für Schülerinnen und Schüler,
- die Notwendigkeit der eigenen Deutung und Interpretation,
- die Exemplarität und Übertragbarkeit der zu erwartenden Erkenntnisse,
- die inhaltliche Eignung und Ergiebigkeit, um auf der bereit gestellten Quellengrundlage eigene Darstellungen konstruieren zu können.

Die digitale Herausforderung

digitalisierte Archivalien

Eine weitere Herausforderung betrifft den Umgang mit digitalisierten Archivalien (Was ist authentisch?). Dabei handelt es sich um ursprünglich analoges Archivgut, das nachträglich digitalisiert worden ist und daher auch digital eingesehen werden kann bzw. muss. Der Sache nach handelt es sich dabei um dieselbe Quelle wie das analoge Original, allerdings hat es sich von seinem ursprünglichen materiellen Träger und seinem Überlieferungsort gelöst. Dabei gehen einerseits unmittelbare Informationen verloren, andererseits wird der Verlust dadurch aufgefangen, dass jedes Digitalisat eine möglichst originalgetreue Abbildung der Vorlage ist und im Idealfall weitere Informationen in Form von Metadaten über Urheber, Herkunft, Überlieferungszusammenhang u.a. enthält. Ebenso ist es möglich, weiterführende Informationen oder bei älteren Handschriften Transkriptionen zu verknüpfen (Bernsen 2017, 296). Der Vorteil von Digitalisaten besteht aus archivfachlicher Sicht in dem Schutz des Originals und damit in der Bestandserhaltung, aus Sicht der Nutzerinnen und Nutzer in der Verfügbarkeit und Reichweite des Zugriffs bei einer Online-Stellung. Ein Archiv muss dann nicht mehr persönlich aufgesucht werden, weit entfernt liegende Archivalien sind zu Hause oder in der Schule abrufbar.

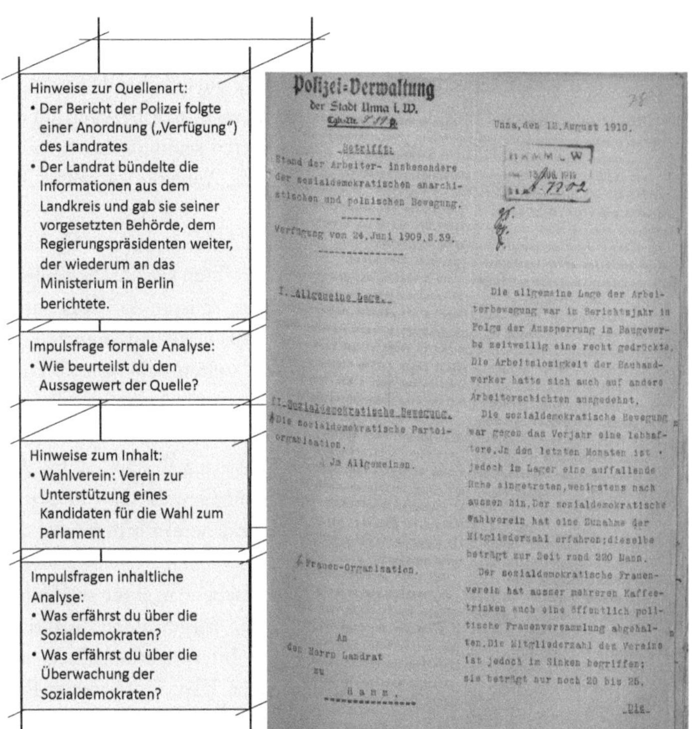

Polizei-Verwaltung
der Stadt Unna i. W.

Unna, den 12. August 1910.

Betrifft:
Stand der Arbeiter- insbesondere der sozialdemokratischen anarchistischen und polnischen Bewegung.

Verfügung vom 24. Juni 1909. S. 39.

I. Allgemeine Lage.

Die allgemeine Lage der Arbeiterbewegung war im Berichtsjahr in Folge der Aussperrung im Baugewerbe zeitweilig eine recht gedrückte. Die Arbeitslosigkeit der Bauhandwerker hatte sich auch auf andere Arbeiterschichten ausgedehnt.

II. Sozialdemokratische Bewegung.
Die sozialdemokratische Parteiorganisation.
Jm Allgemeinen.

Die sozialdemokratische Bewegung war gegen das Vorjahr eine lebhaftere. Jn den letzten Monaten ist jedoch im Lager eine auffallende Ruhe eingetreten, wenigstens nach aussen hin. Der sozialdemokratische Wahlverein hat eine Zunahme der Mitgliederzahl erfahren; dieselbe beträgt zur Zeit rund 220 Mann.

Frauen-Organisation.

Der sozialdemokratische Frauenverein hat ausser mehreren Kaffeetrinken auch eine öffentlich politische Frauenversammlung abgehalten. Die Mitgliederzahl des Vereins ist jedoch im Sinken begriffen; sie beträgt nur noch 20 bis 25.

An
den Herrn Landrat
zu
Hamm.

Die

Abb. 7: Scaffolding als Interpretationsgerüst für die Auswertung einer Polizeiakte (Quelle: Landesarchiv NRW W K352/ Kreis Unna (Hamm), Landratsamt Nr. 794, S. 78 sowie eigene Darstellung)

Hier liegt allerdings auch die spezifische Herausforderung begründet. Dadurch, dass sich der Scan von seinem materiellen Träger gelöst hat, fehlt ihm die Authentizitätsgarantie. Im Internet sind seriös, d.h. authentisch und verlässlich überlieferte Quellen nicht sofort von bearbeiteten Versionen, politisch motivierten Verfälschungen oder Falschinformationen zu trennen. Fachwissenschaftliche Standards bei Herkunftsangaben, Überlieferungszusammenhängen und Datierungen werden nicht immer eingehalten. Am deutlichsten sticht dies bei der Recherche nach Bildquellen im weltweiten Netz

doppelte Quellenkritik

zutage. Bei der Arbeit mit digitalen Quellen im Internet ist daher eine doppelte Quellenkritik entsprechend ihrer doppelten Herkunft erforderlich: einmal primär bezogen auf das historische Dokument, zum anderen sekundär bezogen auf die mediale Bereitstellung und den Anbieter im Netz (Geiger 2018, Pfanzelter 2017).

Hilfen

Damit Schülerinnen und Schüler sich bei der Quellenrecherche über Suchmaschinen mit ihren spezifischen Filtern nicht im weltweiten Netz verlieren, müssen sie dabei unterstützt werden, auch in dieser Hinsicht Medienkompetenz zu entwickeln. Orientierungspunkte sollten dabei die Online-Angebote professioneller Archive und Archivportale sein (siehe hierzu Kap. 6, Abschnitt Archivportale und Kontakte), die einen Zugang zu ihren digitalisierten Beständen und Archivalien ermöglichen. Sie bieten die Gewähr, dass die bereitgestellten Quellen mit allen vorhandenen Informationen den Originalen in den Magazinen entsprechen. Stellenweise sind hier auch digitale archivpädagogische Angebote zu finden, die zu einzelnen Themenbereichen ausgewählte, didaktisch aufbereitete und mit Lese- und Interpretationshilfen versehene Quellen bereitstellen (siehe Kap. 5, Abschnitt Forschungswerkstätten).

Kleine Quellenkunde

Vielfalt der Quellengattungen

Im Archiv stoßen Schülerinnen und Schüler auf ganz unterschiedliche Quellengattungen. Sie begegnen ihnen in der Vielfalt, in der sie durch die Jahrhunderte hinweg entstanden sind. Jede Epoche brachte ihre eigenen Medien und Kommunikationsmittel hervor, so dass ihnen jeweils zeittypische Charakteristika anhaften. Die Unterschiede und Besonderheiten fallen bereits rein äußerlich ins Auge, ein Eindruck, der bei einheitlich formatierten Schulbuchquellen in der Regel fehlt.

Kategorisierungen

Die Fachwissenschaft hat hilfreiche Kategorisierungen und Klassifizierungen entwickelt, um diese Vielfalt von epochenspezifischen Quellengattungen übergreifend zu ordnen und damit fassbar zu machen: die Differenzierung von Tradition und Überrest, normativen und deskriptiven, öffentlichen und internen, einmaligen und seriellen Quellen (Handro 2014, 133 f.; Pandel 2016a, 12–17). Diese Kategorisierungen sind eine wesentliche Hilfe für die quellenkritische Einordnung, können aber den gattungsspezifischen Zugriff nicht ersetzen. Im Folgenden werden ausgewählte archivische Quellengattungen mit ihrem spezifischen zeitlichen Kontext, Hinweisen zu ihrer äußeren Form und ihrem inhaltlichen Aussagwert, zu möglichen Hürden und zu ihrer didaktischen Eignung kurz vorgestellt.

Urkunden

Urkunden: Für das Mittelalter sind Urkunden die vorherrschende Quellengattung. Das Schriftwesen war wenig verbreitet und konzentrierte sich in den Kanzleien der Kaiser, Könige und Päpste, in den Klöstern und zunehmend auch in den Städten. Dort wurden Rechtshandlungen zur Sicherung des Rechts schriftlich in Urkunden dokumentiert. Überwiegend handelt es sich dabei um die Schenkung, den Kauf oder Tausch von Grundbesitz, die Verleihung von Privilegien oder die Übertragung von Regalien (Hoheitsrechten) wie das Markt-, Münz- oder Zollrecht. Auch Fehdeerklärungen, Bündnisse und Friedensschlüsse sind Gegenstand von Urkunden. Urkunden konnten also entweder Recht setzen oder bestehendes Recht beweisen. Überliefert sind Urkunden entweder als Entwurf des Ausstellers (Konzept), als ausgefertigtes Original oder als zeitgenössische bzw. spätere Abschrift in Kopialbüchern und Registern. Nicht alle überlieferten Urkunden sind echt. Fälschungen oder Verfälschungen waren bereits im Mittelalter eine nicht seltene Praxis und sind damit wiederum selbst eine aussagekräftige Quelle.

Merkmale von Urkunden

Urkunden unterscheiden sich bereits rein äußerlich von anderen schriftlichen Quellen. Die Originale wurden im Frühmittelalter auf Papyrus ausgestellt, ab dem 7. Jahrhundert überwiegend auf Pergament und ab dem 14. Jahrhundert zunehmend auf Hadernpapier. Insbesondere Herrscherurkunden weisen ein repräsentatives Format und Schriftbild auf, ins Auge stechen zudem Siegel und Herrschaftsmonogramm. Das selbstständige Lesen von Urkunden wird erschwert durch die verwendete Schrift (karolingische, später gotische Minuskel), die Sprache (Mittellatein, Ober- oder

Niederdeutsch), spezielle Rechtstermini und Abkürzungen. Für die inhaltliche Erschließung können jedoch Übersetzungen oder Zusammenfassungen (Regesten) in Urkundenbüchern herangezogen werden, die in den Archiven oder digital verfügbar sind.

didaktisches Potenzial

Urkunden beeindrucken zunächst aufgrund ihres Alters und ihres ästhetischen Erscheinungsbildes, bieten in didaktischer Hinsicht jedoch auch jenseits eines bloßen Eindrucks unterschiedliche Lernzugriffe. So lassen sich aus einer Urkunde allein anhand der äußeren Form, der Einleitung mit der Herrschertitulatur und des Schlussprotokolls mit Herrschermonogramm und Vollziehungsstrich exemplarische Informationen zur Repräsentation, Legitimation und Praxis mittelalterlicher Herrschaft gewinnen. Und schließlich können Urkunden Hinweise auf Rechtsverhältnisse (z.B. ein verliehenes Stadtrecht) oder konkrete Orte und Personen enthalten (zu Urkunden: Hartmann 2012; Lange/Lux 2004, 102 f.; Pandel 2012, 24–30).

Akten

Akten: Mit der Herausbildung einer staatlichen Verwaltung in den Fürstentümern und Städten seit dem 13. Jahrhundert nahmen deren schriftliche Dokumentation und Kommunikation zu. Der Staat griff mehr und mehr in nahezu alle Lebensbereiche der Untertanen bzw. Bürgerinnen und Bürger ein. Akten, von lat. Acta für das Gehandelte, fassen staatliches Handeln in Form aneinander gebundener oder abgehefteter Schriftstücke in chronologischer Ordnung zusammen. Die Akte entwickelte sich damit zur dominierenden Quellengattung in der Neuzeit und wird heute als E-Akte digital fortgeführt. Aber nicht nur in Behörden, sondern auch in nichtstaatlichen Einrichtungen und Organisationen wie Gutshöfen, Unternehmen, Verbänden und Parteien entstanden und entstehen Akten. Akten sind zu einer bestimmten Sache (Sachakte) angelegt oder zu Personen (Personalakte), sie enthalten allgemeine Regelungen (Generalia) oder spezielle Vorgänge und Einzelfälle (Spezialia). Sie bestehen aus einer Vielzahl von Schriftstücken:

Vielzahl von Schriftstücken

- Weisungen, Verordnungen oder Verfügungen übergeordneter Instanzen,
- Berichte, die von untergeordneten Behörden nach oben weitergegeben werden,
- Mitteilungen zwischen verschiedenen Behörden einer Ebene,
- Eingaben, Anträge und Beschwerden von Untertanen bzw. Bürgerinnen und Bürgern, Unternehmen, Vereinen und Verbänden,
- interne Aufzeichnungen wie z.B. Aktenvermerke,
- Protokolle von Sitzungen, Vernehmungen und Verhandlungen.

Merkmale von Akten

Ein einzelnes Schriftstück kann als Entwurf (Konzept), Reinschrift (Ausfertigung) oder als Abschrift bzw. Durchschrift in der Akte überliefert sein. Es enthält in der Regel wichtige formale Informationen am Kopf oder in älteren Zeiten am Ende des Schreibens wie den Absender, den Empfänger, einen Betreff und ein Datum. Ein eingegangenes Schriftstück kann verschiedene Bearbeitungsvermerke aufweisen, die Hinweise auf den internen Umgang geben: z.B. einen Eingangsstempel oder farbige Randbemerkungen und Unterstreichungen von Vorgesetzten (grün für den Behördenleiter, rot für den Stellvertreter, blau für den Abteilungsleiter). Jedes Schriftstück einer Akte stellt für sich genommen eine eigene Quelle dar und zugleich bildet die Akte als Ganzes eine Einheit, aus der die Entwicklung eines Vorgangs, Konfliktes oder einer Entscheidung erkennbar und nachvollziehbar wird.

Schwierigkeiten und Potenziale

Aufgrund des Umfangs einer Akte ist auf den ersten Blick nicht immer zu erkennen, welches Schriftstück für die eigene Fragestellung relevant und welches nicht. Hier hilft nur mutiges Querlesen. In älteren Akten aus dem 19. Jahrhundert und früher wird die Schrift herausfordernd sein. Für das Verständnis der einzelnen Schriftstücke müssen die Zuständigkeiten und Hierarchien in einem Verwaltungssystem mitgedacht werden. Durch die Dominanz von Akten in der Überlieferung der Neuzeit ist die behördliche Perspektive überrepräsentiert. Gleichwohl lassen sich auch aus Verwaltungsakten andere Sichtweisen rekonstruieren, etwa bei Anträgen und Eingaben wie z.B. Beschwerden von Flüchtlingen über Notunterkünfte in der Nachkriegszeit. Ein Polizeibericht über eine sozialdemokratische Veranstaltung im Kaiserreich ist mit aller nötigen Quellenkritik daher auch eine wichtige Quelle über eben diese Veranstaltung, ihre Teilnehmerzahl und die gehaltenen Reden, die protokolliert wurden. Insgesamt stellen Akten mit ihrer Vielfalt an gebündelten Schriftstücken oftmals eine wahre Fundgrube für die historische Spurensuche dar, aus der sich durchaus Überraschendes zu Tage fördern lässt (zu Akten: Schmid 2012; Lange/Lux 2004, 108–111; Pandel 2012, 30–41).

Karten und Pläne

Karten und Pläne: Ebenso alt wie die Schrift sind Karten und Pläne. Sie erfüllten ganz unterschiedliche Funktionen: sie schufen Übersicht und Orientierung, dokumentierten Herrschafts- und Besitzräume, dienten administrativen Zwecken oder der Planung von Bau- und Konstruktionsvorhaben. Entsprechend vielfältig sind auch die Arten von Karten und Plänen. Es gibt Stadt- und Ortspläne, Territorialkarten, Katasterkarten, Risswerke des Bergbaus, land- und forstwirtschaftliche Karten, Gewässerkarten, Verkehrskarten, Baupläne, technische Pläne und andere Spezialkarten. Der überwiegende Teil ist nicht isoliert, sondern in seinem Entstehungskontext, der Provenienz, überliefert, die bei der Auswertung eine wichtige Rolle spielen kann. So ist der Plan einer Dampfmaschine beispielsweise im Rahmen eines staatlichen Genehmigungsverfahrens überliefert. Generell gilt, dass Karten und Plänen keineswegs immer vollständig und genau sind, also auch eine quellenkritische Herangehensweise erfordern. Ein Stadtplan aus dem 17. Jahrhundert kann z.B. auffallend große Befestigungs- und Wehranlage aufweisen, was in erster Linie der Abschreckung diente und nicht dem Anspruch einer realitätsgetreuen Abbildung.

didaktisches Potenzial

Das didaktische Potenzial liegt zunächst einmal in der Anschaulichkeit, die einen niedrigschwelligen Zugang ermöglicht. Vor allem aber eignen sich Karten und Pläne aufgrund ihrer thematischen Vielfalt für die Arbeit mit Schülerinnen und Schülern. Geographische Karten beispielsweise spiegeln Weltbilder und Raumvorstellungen wider. Anhand von historische Stadtpläne aus verschiedenen Epochen lassen sich Stadtentwicklung und Urbanisierung herausarbeiten. Konstruktionspläne von Maschinen erlauben Einblicke in den Stand der Technik, Grundrisse von Häusern in die Wohnverhältnisse einer Zeit (zu Karten: Matschenz 2012, Lange/Lux 2004, 113 f.).

Plakate und Druckschriften

Plakate und Druckschriften: Die ersten Plakate und Druckschriften entstanden im 15. Jahrhundert mit der Erfindung des Buchdrucks. Spätestens mit der Reformation nahmen sie in öffentlichen Auseinandersetzungen eine zentrale Rolle ein. Mit der Industrialisierung wurden sie durch die veränderten technischen Möglichkeiten (Farblithographie, Offsetdruck) schließlich zu Massenkommunikationsmitteln. Noch heute spielen Plakate in der Öffentlichkeit eine Rolle, Druckschriften leben als Flyer fort. Ihre Funktion wird aber zunehmend von Sozialen Medien übernommen. Verfasser bzw. Auftraggeber von Plakaten und Druckschriften waren und sind Organisationen, Vereine, Parteien, Behörden, Einzelpersonen oder Bürgerinitiativen. Entsprechend variierten auch Adressaten und Auflagenzahl. Typisch für die Gestaltung von Plakaten waren ein großes Format sowie die Verbindung von Text, Bild und grafischen Elementen. Auf Litfaßsäulen und Hauswänden, in Behörden und anderen öffentlichen Räumen sollten sie möglichst viele Menschen ansprechen. Druckschriften sind kleinformatiger als Plakate. Sie bestehen aus ein oder mehreren bedruckten Seiten, die schnell und gezielt Informationen verbreiten sollten.

Merkmale von Plakaten und Druckschriften

Plakate und Druckschriften informierten über Ereignisse, riefen zu Wahlen, Versammlungen oder Protesten auf, verkündeten Forderungen, verbreiteten Nachrichten und Ideen, Vorurteile und Feindbilder, luden zu Ausstellungen und Konzerten ein oder warben für bestimmte Produkte. Sie dienten der Aufklärung und Informationsvermittlung ebenso wie der Propaganda, Mobilisierung und Verführung. Bei der Auswertung ist daher zu beachten, dass sie Sachinformationen ebenso enthalten wie Wertungen und Ideologien, aber keine Informationen über die tatsächlichen Wirkungen und den Verbreitungsgrad. Plakate und Druckschriften drücken insofern vor allem Absichten und Intentionen ihrer Verfasser und Auftraggeber aus. Sind sie in Akten überliefert, können daraus Informationen zum Kontext herangezogen werden.

didaktisches Potenzial

Der besonderer Erkenntniswert von Plakaten und liegt vor allem darin, dass sie anders als etwa interne Verwaltungsakten Einblick in öffentliche Selbstdarstellungen und Auseinandersetzungen geben. Anhand von Druckschriften und Plakaten lassen sich daher sehr gut öffentliche Debatten und Konflikte rekonstruieren. Aber auch die politischen Forderungen und Ideen von einzelnen gesellschaftlichen Gruppen können so erforscht werden. Flugblätter, Wahl- und Propagandaplakate geben z.B. Auskunft über politische Strömungen, Ideologien und Diskurse. Für die Sozial-, Wirtschafts- und Kulturgeschichte haben sie ebenfalls eine hohe Aussagekraft. In Werbeplakaten oder -prospekten werden z.B. technische Fortschritte, Geschlechterrollen oder gesellschaftliche Wertvorstellungen erkennbar (Schneider 1999; Beck 2010, 53–56, 61–63).

Selbstzeugnisse

Selbstzeugnisse: In Selbstzeugnissen berichtet ein individueller Verfasser ausschließlich subjektiv über sich selbst bzw. seine Zeit und gibt damit über sich und seine Sichtweise Auskunft. Ein solches Selbstzeugnis kann mit oder ohne Absicht einer späteren Veröffentlichung oder Überlieferung entstanden sein. Zu den Selbstzeugnissen im engeren Sinn gehören:

Selbstzeugnisse im engeren Sinn

- Tagebücher, die zeitnah verfasst sind und in chronologischer Folge Ereignisse, Erfahrungen, Gedanken und Empfindungen der schreibenden Person für sie selbst, d.h. ohne weitere Adressaten dokumentieren.
- Briefe, die ebenfalls persönliche Schilderungen enthalten, jedoch bereits gefiltert und für einen bestimmten Adressaten gedacht sind.
- Autobiografien, die zu einem späteren Zeitpunkt, oftmals am Ende eines Berufs- oder Lebensweges rückblickend verfasst sind. Der Autor möchte darin den eigenen Werdegang im Kontext seiner Zeit schildern und ggf. rechtfertigen. Er konstruiert damit bewusst oder unbewusst Sinn und Kontinuität des Lebensweges.
- Memoiren oder Lebenserinnerungen, in denen ein Au-

tor aus seiner Perspektive über zeitgenössische Ereignisse, Entwicklungen und Personen berichtet, die er als Beteiligter oder Zeitzeuge miterlebt hat.

Selbstzeugnisse im weiteren Sinn

Neben diesen Selbstzeugnissen im engeren Sinne gibt es eine Vielzahl von weiteren Selbstzeugnissen, die auf äußere Anlässe hin, zum Teil nicht einmal aus freien Stücken verfasst worden sind. Dazu zählen Bittschriften oder Anträge, z.B. in Wiedergutmachungsverfahren, in denen über ein erlittenes Schicksal oder Unrecht berichtet wird. Ebenso gehören in diese Kategorie Vernehmungsprotokolle in Polizei- und Justizakten. Zusammenfassend werden die Selbstzeugnisse im engeren und im weiteren Sinne auch als Ego-Dokumente bezeichnet.

Quellenwert

Der besondere Quellenwert dieser Dokumente liegt in ihrer Subjektivität und damit verbunden in den Einblicken in persönliche Erlebnisse, Schicksale und Denkweisen. Diese Perspektivität und die jeweilige Intentionalität sind bei der Auswertung zu berücksichtigen, ebenso die Begrenztheit des individuellen Blickwinkels, bewusste Auslassungen, Übertreibungen, Verfälschungen sowie die jeweilige zeitliche Distanz. Unmittelbar verfasste Tagebuchnotizen und Briefe sind in der Regel authentischer als rückblickend verfasste Autobiografien und Lebenserinnerungen, in denen sich auch unbewusst Ungenauigkeiten eingeschlichen haben könnten. Hilfreich ist es, wenn Selbstzeugnisse zu anderen Quellen in Beziehung gesetzt werden können (Henning 2012; Pandel 2012, 41–51 und 55–58).

Bildquellen

Bilder: Visuelle Darstellungen sind so alt wie die Kultur selbst. Als historische Quellen haben sie in den vorrangig auf Schriftlichkeit ausgerichteten Archiven allerdings erst spät Aufmerksamkeit gefunden. Seit dem „iconic turn“ Ende der 1980er Jahre stellen sie einen wichtigen und oft genutzten Bestandteil der archivischen Überlieferung dar. Jede Epoche hat ihre eigenen Bilder hervorgebracht, Bilder nahmen aber in jeder Zeit einen anderen Stellenwert ein. Aus dem Mittelalter sind nur wenige Buchminiaturen überliefert, seit der Frühen Neuzeit entstanden zahlreiche Druckgrafiken wie z.B. Kupferstiche, Gemälde, Zeichnungen und Karikaturen.

Mit der Erfindung der Fotografie 1825 bzw. 1839 revolutionierten sich im 19. und 20. Jahrhundert die technischen Möglichkeiten und damit die Verbreitung von Bildern. In den 1960er Jahren setzte sich die Farbfotografie durch, seit den 1980er Jahren die digitalen Kameras. Heute dominiert die visuelle Kommunikation wie in keinem Zeitalter zuvor.

Merkmale und Quellenkritik

Bilder sind in unterschiedlichen Formaten und auf unterschiedlichen Trägern, als Original oder als Druck, bei Fotos als Negativ, Diapositiv, Abzug oder Datei überliefert. Ebenso vielfältig wie die Bildgattungen sind die Bildinhalte und -anlässe. Auf Abbildungen finden sich Personen, Ereignisse, Handlungen, Landschaften, Orte, Gebäude, Gegenstände und soziale Milieus. Bilder ermöglichen aufgrund ihrer Anschaulichkeit einen niedrigschwelligen Zugang, verleiten aber auch dazu, das Gesehene als wahrheitsgetreues Abbild einer vergangenen Wirklichkeit zu verstehen. Die scheinbare Objektivität eines Bildes relativiert sich, sobald Standortgebundenheit und Motivauswahl, Intentionen und Adressaten, Kontext und Anlass sowie die besonderen Mittel und Wirkungen der Bildgestaltung berücksichtigt werden. Gerade bei Fotos liegen Abbild und Manipulation bis hin zu Verfälschungen oft sehr nah beieinander. Das gilt bereits für analoge Fotografien, in einem noch viel stärkeren Maße jedoch für digitale, die durch entsprechende Bildbearbeitungen und die Möglichkeiten der Künstlichen Intelligenz fließend in virtuelle übergehen. Gleichwohl bleiben sie auch in diesen Formen authentische Zeugnisse ihrer Zeit. Für die Auswertung ist es wünschenswert, aber nicht immer gegeben, dass mit den Bildern Angaben über Zeit, Ort und Personen überliefert sind. Teilweise lassen sich diese Informationen aus dem Überlieferungskontext erschließen, z.B. wenn Fotos in einem Fotoalbum beschriftet wurden oder als Beweise in einer Justizakte dokumentiert sind, etwa zu NS-Verbrechen im Zweiten Weltkrieg.

Erkenntniswert

Bilder sollten nicht nur zur Illustration verwendet, sondern als eigenständige Quelle verstanden werden. Ihr Erkenntniswert erstreckt sich auf zwei Ebenen. Zunächst einmal geben sie bei sorgfältiger Auswertung viele Sachinformationen zu dem Abgebildeten wie auch zu der zeittypischen Art und

Weise der Abbildung preis. Zugleich lassen sie, wie die „visual history" lehrt, Rückschlüsse auf die Absichten, Wirkungen und Rezeptionen der visuellen Kommunikation zu (Hamann 2017; Pandel 2016b; Sauer 2022; Jäger 2009).

weitere Quellenarten im Archiv

Weitere Quellenarten im Archiv: Die hier vorgestellten Quellengattungen decken einen Großteil der Überlieferung in den Archiven ab. Zumindest erwähnt werden sollte jedoch, dass im Archiv darüber hinaus noch viele weitere Quellenarten zu finden sind. Zu nennen sind hier insbesondere:

- **Amtsbücher** des ausgehenden Mittelalters und der Frühen Neuzeit, in denen Territorialherren, Städte oder kirchliche Einrichtungen Lehen, Grundbesitz, grundherrschaftliche Abgaben und Dienste, Ratsprotokolle oder Schriftwechsel dokumentierten.
- **Kirchenbücher** bzw. seit 1874/76 **Personenstandsregister**, in denen Geburten bzw. Taufen, Eheschließungen und Sterbefälle personenbezogen beurkundet wurden.
- **Historische Bücher**, die als Quelle Einblicke in ganz unterschiedliche Zusammenhänge bieten können, z.B. Gesetzbücher wie der Code Napoléon, Schulbücher einer bestimmten Epoche oder Reiseberichte.
- **Zeitungen**, die sich als periodisch erscheinende Druckschriften seit dem frühen 19. Jahrhundert zu einem Massenmedium entwickelten, über das Nachrichten aller Art, oftmals verbunden mit Wertungen und Kommentaren verbreitet wurden. In den Archiven finden sich ganze Jahrgänge oder einzelne Ausgaben, oftmals auch Sammlungen von Zeitungsausschnitten zu einem bestimmten Thema.
- **Filme** und **Tonaufnahmen** amtlicher, kommerzieller oder privater Herkunft, die in ihrer ursprünglichen Form auf Filmrollen und Tonbändern, in Videoformaten oder digital bzw. nachträglich digitalisiert überliefert sind.

Quellen des digitalen Zeitalters

Unser digitales Zeitalter bringt gegenwärtig ganz neue Formate der Kommunikation und Dokumentation hervor, die in Zukunft als historische Quellen in Form und Inhalt Auskunft über unsere Zeit geben werden. Damit sind weniger die digitalen Varianten traditioneller Quellen, wie die E-Akte oder digitale Bilder und Filme gemeint, sondern vor allem die seit den 1990er Jahren entstehenden, genuin digitalen Internetpublikationen: Websites, Blogs und Posts in Microblogging-Plattformen und Sozialen Medien wie Facebook, Twitter, Instagram oder TikTok als den zurzeit vorherrschenden Massenmedien des digitalen Zeitalters. Sie werden als Quellen Einblicke in die individuellen oder institutionellen Selbstdarstellungen, Diskurse, Sichtweisen und Wertungen zeitgenössischer Ereignisse, Personen und Entwicklungen geben. Grundlagen für eine gattungsspezifische Quellenkunde sind bereits gelegt (Renz 2017a; Renz 2017b; Pfanzelter 2017), bedürfen aber sicherlich der Weiterentwicklung und fortlaufenden Anpassung an sich verändernde Formate. Für die Auswertung als Quellen werden auch hier die Aspekte der traditionellen Quellenkritik zentral sein, ergänzt um Zugriffe, die das Spezifische digitaler und multimedialer Kommunikation in den Blick nehmen. Durch die tendenzielle Demokratisierung der Kommunikation werden zukünftige Forscherinnen und Forscher aus diesen Quellen eine Fülle von Informationen generieren können, vorausgesetzt allerdings es gelingt eine zumindest ausschnittsweise, vor allem aber dauerhafte Archivierung. Neben den technischen Herausforderungen, ein dynamisches Medium zu fixieren, stellen sich dabei zurzeit noch Fragen der Zuständigkeit von Archiven bzw. Bibliotheken und nicht zuletzt auch des Urheberrechts.

Narrativieren und Präsentieren

Konstruktionsprozess

Aus den Archivquellen lassen sich Informationen über vergangene Personen, Handlungen, Entscheidungen, Ereignisse und Entwicklungen in die Gegenwart heben. Bereits eine Quelle enthält zahlreiche Einzelinformationen, bei mehreren Quellen steigt entsprechend die Fülle an Details. Je nach Umfang der Archivarbeit werden Schülerinnen und Schüler auf ihrer historischen Spurensuche also eine Vielzahl an empirisch fundierten Einzelerkenntnissen gewinnen. Bei Recherchen zu den Auswirkungen der napoleonischen Herrschaft auf Deutschland sammeln sie beispielsweise Informationen über die Aufhebung von Ständegesellschaft und Leibeigenschaft, die Einführung des Code civil, die Erhebung neuer Steuern, die Rekrutierung von Soldaten, die Kritik in Karikaturen und Spottgedichten und ggf. noch weiteres mehr. Derartige Einzelinformationen gilt es zum Abschluss des Lernprozesses zu einem Gesamtbild zusammenzufügen. Dieser Schritt lässt sich genauer als gedanklicher Konstruktionsprozess beschreiben, der seinen Ausdruck in der sprachlichen Verknüpfung als Narration findet (siehe Abb. 8). Im Erzählzusammenhang werden die einzelnen Spuren und Befunde in einen Sinnzusammenhang gebracht und gewinnen als historische Erkenntnis Bedeutung (Handro 2018a, 34 f.; Wolter 2018, 84–87 und 113 f.). Die Konstruktion erfolgt durch verschiedene kognitive Operationen, die in der Praxis kaum voneinander zu trennen sind, sich aber wie folgt kategorisieren lassen:

kognitive Operationen

- ordnen, z.B. temporal als Abfolge oder kausal als Wirkungszusammenhang,
- gewichten, z.B. anhand der zugeschriebenen Bedeutung oder des Aussagewerts der Quellen, was auch zu einem bewussten Weglassen führen kann,
- vergleichen, z.B. mit Informationen aus anderen Quellen, insbesondere aus anderen Perspektiven oder mit bereits aus dem Unterricht bekannten Ereignissen und Entwicklungen,
- schlussfolgern, z.B. induktiv im Sinne einer Verallgemeinerung von Einzelerkenntnissen oder gegenläufig als Herausstellung von abweichenden Besonderheiten.

Interpretationsleistung

Bei der praktischen Organisation der Zusammenstellung und Verknüpfung der gewonnenen Einzelinformationen sind je nach Komplexität der Quellenarbeit verschiedene Strukturierungs- und Visualisierungstechniken hilfreich, etwa Karteikarten, Zeitleisten oder Concept Maps. Seine Richtung erhält der Konstruktionsprozess dabei durch die Orientierung an den Untersuchungsfragen, die der Archivarbeit zugrunde liegen. Sie bilden den „roten Faden“ von der Recherche über die Auswertung bis hin zur Narrativierung, die damit dem Versuch einer Beantwortung dieser Fragen entspricht. Etwas Entscheidendes kommt noch hinzu: die eigene Interpretationsleistung der Schülerinnen und Schüler,

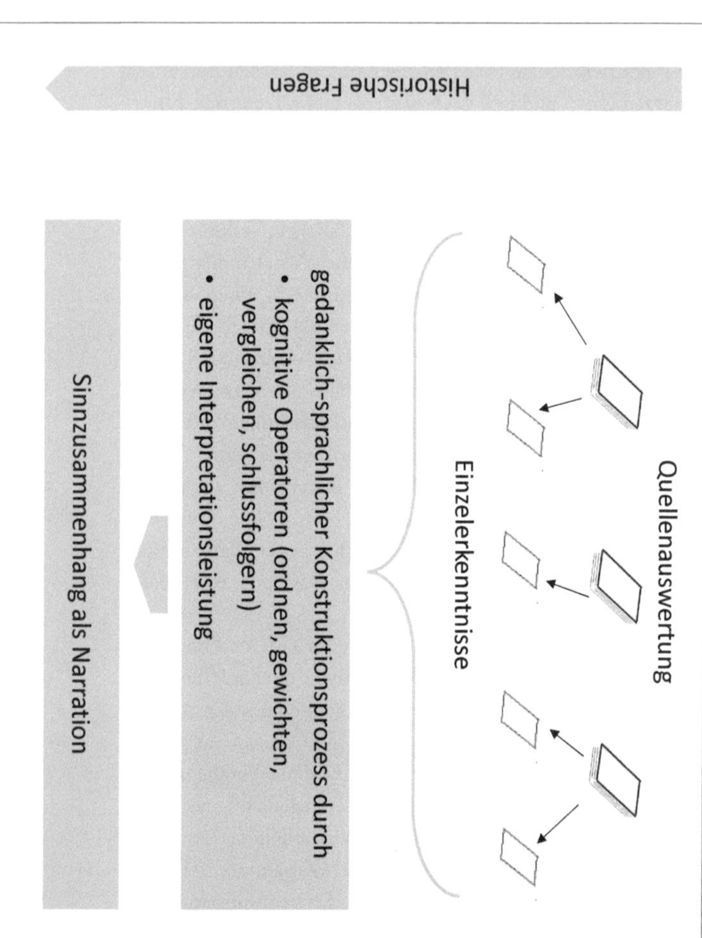

Abb. 8: Narrativieren als Prozess (eigene Darstellung)

die einen kreativen Akt darstellt. Sie müssen die Verknüpfungen letztlich durchführen, also Entscheidungen dazu treffen, welche Zusammenhänge bestehen, wie Quellenaussagen zu beurteilen sind und welche Schlussfolgerungen zulässig erscheinen. Es geht damit um die Anwendung wie Schulung der narrativen Kompetenz (Pandel 2013, 223, 234 f.).

Einfluss von Quellengrundlage und Lernvoraussetzungen

Wie gut dies gelingt, hängt von zwei Faktoren ab: von der Quellengrundlage und den Lernvoraussetzungen der Schülerinnen und Schüler. Die Ergebnisse der Quellenauswertung können so umfangreich sein, dass es schwerfällt, wichtige von weniger wichtigen und unwichtigen Informationen zu unterscheiden. Andersherum können bei einer spärlichen Quellenauswahl auch zu wenige Informationen herausgearbeitet worden sein, so das weiterführende Zusammenhänge nicht zu erkennen und Schlussfolgerungen kaum möglich sind. Herausfordernd wird es auch, wenn widersprüchliche Quellenaussagen, z.B. aus unterschiedlichen Perspektiven vorliegen. Hier ist die Urteilsfähigkeit in besonderem Maße gefragt, zugleich ermöglicht gerade die Multiperspektivität sachgerechte Differenzierungen. Hinsichtlich der Lernvoraussetzungen kommt als erstes sicherlich das im oder außerhalb des Unterrichts erworbene Kontextwissen zum Tragen. Etwas verdeckter, aber nicht weniger einflussreich spielen zudem Alltagstheorien über den Verlauf von Geschichte sowie Vorstellungskraft, Sprach- und Erzählfähigkeiten eine Rolle (Handro 2018a, 36). Schülerinnen und Schüler werden daher auch in dieser Phase der Archivarbeit Unterstützung benötigen, vor allem aber die Ermutigung, auf der selbst erarbeiteten empirischen Grundlage der Quellenarbeit in kreativer Weise eigene Verknüpfungen, Darstellungen, Erklärungen, Schlussfolgerungen, Thesen und Beurteilungen zu wagen.

Präsentationen

Die Lern- und Forschungsergebnisse der Archivarbeit werden am Ende vorgestellt und präsentiert werden: den Mitschülerinnen und Mitschülern, den Lehrkräften, den Jurorinnen und Juroren eines Wettbewerbs, der Schulgemeinde oder einer noch weiteren Öffentlichkeit. Abhängig vom Adressatenkreis, vor allem aber von Anlass, Umfang und Intention der Archivrecherche kommen dazu sehr unterschiedliche, in jedem Fall aber handlungsorientierte Präsentationsformen in Frage:

- einfache mündliche Vorträge innerhalb der Lerngruppe, mit oder ohne Unterstützung durch digitale Präsentationen,

- schriftliche Ausarbeitungen, z.B. im Rahmen von Wettbewerben, Fach- oder Seminararbeiten, Dokumentationsbroschüren,
- mit Text und Bild gestaltete Ausstellungsplakate,
- digitale Präsentationen, z.B. als PowerPoint, Padlet, TaskCards, Website,
- digital gestützte Rundgänge, z.B. über die Apps Actionbound oder Biparcours,
- audiovisuelle Präsentationen, z.B. als Podcast, Erklärfilm, Dokumentation,
- künstlerisch-literarische Verarbeitungen als Comic, Novelle, szenische Lesung, szenisches Spiel, Theaterstück (dazu Dauks 2010; Beck 2014).

Medienkompetenz

Schülerinnen und Schüler sollten dazu angeregt und dabei unterstützt werden, unterschiedlichen Darstellungsformen auszuprobieren. Denn sie dienen nicht nur als Mittel dem Zweck der Präsentation, sondern ermöglichen Einblicke in und Erfahrungen von geschichtskultureller Kommunikation. Die eigentätige Erprobung und Reflexion von Darstellungsformaten mit ihren jeweiligen Möglichkeiten, Grenzen, Reichweiten und Adressaten befähigt letztlich dazu, Darstellung anderer in ihrer Machart und Wirkung zu verstehen und zu hinterfragen und erweitert somit das historische Erkenntniswissen wie die Medienkompetenz (Handro 2018a, 36–38; Kerber 2015, 127). Bei allen Darstellungsformen gilt zudem, dass nicht nur die inhaltlichen Ergebnisse der Archivarbeit präsentiert werden. Um das Besondere der eigenen Leistung herauszustellen, sollten Schülerinnen und Schüler auch ihren Erkenntnisweg darstellen, einschließlich der archivischen Quellengrundlage, der Herausforderungen bei der Auswertung und der Möglichkeiten der Deutung.

Archiv und Schule

Einbindung ins schulische Lernen

Die historische Spurensuche am außerschulischen Lernort Archiv ist in der Regel in schulische Lern- und Lehrprozesse eingebunden. Inhaltliche, methodische oder geschichtskulturelle Problemstellungen führen aus dem unterrichtlichen oder außerunterrichtlichen Kontext ins Archiv, das hier gewonnene Gegenstands- und Erkenntniswissen wird mit zurück in die Schule genommen.

Verknüpfungen

In der Praxis ergeben sich je nach Lern- und Lehrzusammenhang vielfältige Verbindungslinien von schulischem und archivischem Lernen:

- inhaltlich-thematische Fragestellungen einer Unterrichtsreihe: Die Quellenarbeit im Archiv kann deduktiv am Ende einer Unterrichtsreihe stehen, indem das im Unterricht erworbene Sachwissen an regionalen bzw. lokalen Beispielen überprüft, differenziert und ggf. korrigiert wird. Ebenso ist es andersherum möglich, die Archivarbeit induktiv als Einstieg in eine Reihe zu nutzen, indem erste, singuläre Erkenntnisse anhand der ausgewählten Archivalien gewonnen und auf dieser Grundlage weiterführende Fragen entwickelt werden (vgl. Handro 2018b, 160f.).
- methodische Übungen zum Umgang mit historischen Quellen: Dies kann deduktiv als Einführung in die Interpretation spezieller Quellengattungen am Versuchsobjekt des Originals oder induktiv als Anwendung der im Unterricht erlernten Quellenkritik in einem archivischen Untersuchungskontext erfolgen (vgl. Handro 2018b, 161 f.).
- unterrichtliche oder außerunterrichtliche Projektarbeit: Das Archiv wird von einzelnen Schülerinnen und Schülern, Lerngruppen oder Arbeitsgemeinschaften zu Recherchen für Fach- und Seminararbeiten, Stolpersteinprojekte, lokalgeschichtliche Projekte oder die Gestaltung von Gedenktagen, Schuljubiläen o.ä. aufgesucht.
- Teilnahme am Geschichtswettbewerb des Bundespräsidenten: Schülerinnen und Schüler gehen im Archiv auf historische Spurensuche, um im Rahmen des jeweiligen Ausschreibungsthemas eine eigene Projektarbeit anzufertigen.
- geschichtskulturelle Fragestellungen zur Entstehung, Sicherung und Bedeutung von historischer Überlieferung: Das Archiv wird hier primär als offener Ort einer demokratischen Geschichtskultur in den Blick genommen, der eigene Zugänge zu den Spuren der Vergangenheit ermöglicht.

Lehr- und Bildungspläne

Das Zusammenspiel von Archiv und Schule im Prozess des historischen Lernens wird von den curricularen Vorgaben in den Lehr- und Bildungsplänen der einzelnen Bundesländer in mehrfacher Hinsicht gestützt (Aspelmeier/Beck/Erdmann 2022, 254 f.; Übersicht der KMK über die Lehr- und Bildungspläne der Länder: https://www.kmk.org/dokumentation-statistik/rechtsvorschriften-lehrplaene/uebersicht-lehrplaene.html, 1.8.2023):

- Der Kompetenzorientierung wird bei der Recherche, kritischen Auswertung und Narrativierung von Quellen im Archiv nahezu in Reinform entsprochen (vgl. Kap. 3, Abschnitt Kompetenzen und Mündigkeit).
- Inhaltliche Anknüpfungspunkte bestehen zudem in den einzelnen curricularen Themen- und Inhaltsfeldern, die zwar nicht in allen, aber in zentralen Bereichen an die Überlieferung der Archive vor Ort anknüpfen können.
- Spezifisch regional- und lokalgeschichtliche Zugänge zur Geschichte werden in den Lehr- und Bildungsplänen der Länder durch die Dominanz der Nationalgeschichte zwar nur teilweise akzentuiert. Aber auch allgemeingeschichtliche Entwicklungen lassen sich am regionalen oder lokalen Beispiel bestätigen oder korrigieren und bieten sich somit für die Archivarbeit vor Ort an.
- Außerschulische Lernorte für das Fach Geschichte sind in den Lehr- und Bildungsplänen der Länder mit unterschiedlichen Ausprägungen vorgesehen. Das Archiv wird dabei – zweifelsohne ein Defizit – selten explizit genannt, ist von der Sache aber immer mitgemeint. Ausdrücklich als Bildungspartner nahegelegt wird das Archiv in der Empfehlung der Kultusministerkonferenz der Länder „Erinnern für die Zukunft" (KMK 2014).
- Einzelne schulische Lern- und Lehrformate sind für die Kooperation mit dem Lernort Archiv in besonderer Weise prädestiniert, wie z.B. Wissenschaftspropädeutische Seminare, Projektkurse, Arbeitsgemeinschaften oder der Geschichtswettbewerb.

- Für den bilingualen Geschichtsunterricht bietet sich die Archivarbeit mit entsprechenden französischen, englischen oder russischen Quellen an.
- Das Zusammenspiel von Schule und Archiv geht aber auch über das Fach Geschichte hinaus. Als Lernort eignet sich das Archiv in speziellen thematischen Fragestellungen z.B. auch für die Fächer Deutsch, Politik, Sozialwissenschaften, Erdkunde, Pädagogik, Religion oder Kunst.

konkrete Kooperationen

Schulisches und außerschulisches, hier archivisches historisches Lernen stehen von der Sache her also komplementär zueinander. „Schulischer Geschichtsunterricht ist ohne gelegentliche Archivbesuche unvollständig" (Pandel 2012, 23), das gilt umso mehr für außerunterrichtliche Projekte. Damit dies auch in der Praxis reibungslose gelingt, sind Kontaktaufnahmen und Absprachen zwischen Lehrkräften und Archivpädagoginnen und -pädagogen erforderlich. Nicht immer sind das nächstgelegene Archiv und die dort vorhandenen Angebote an den Schulen bekannt. Neben organisatorischen Herausforderungen müssen manchmal auch noch Schwellenängste überwunden werden. Daraus leitet sich die Notwendigkeit ab, das Archiv als Lernort viel stärker als bisher in die Aus- und Fortbildung von Lehrerinnen und Lehrern zu integrieren.

Bildungspartnerschaften

Für die Vertiefung und Verstetigung der Zusammenarbeit von Schule und Archiv haben sich in den letzten Jahren Bildungspartnerschaften etabliert, z.B. in Nordrhein-Westfalen (Bröckling 2011) und Baden-Württemberg. In Kooperationsverträgen werden die Felder der Zusammenarbeit fixiert und jeweils institutionell verankert, so dass beide Seiten davon profitieren. Im Idealfall kann auf diese Weise gewährleistet werden, dass jede Schülerin und jeder Schüler der Kooperationsschule das Archiv mindestens einmal in der Schullaufbahn besucht und als Ort des historischen Forschens und Entdeckens kennen- und nutzen gelernt hat. Auf dieser Grundlage sind dann auch aufeinander aufbauende Kooperationen im Sinne einer Lernprogression möglich: Schülerinnen und Schüler lernen z.B. mit dem Anfangsunterricht Geschichte das Archiv zunächst einmal als Ort der

Überlieferung kennen, um dort in einem höheren Jahrgang vertieft inhaltlich zu arbeiten, also erworbene Kompetenzen anzuwenden und auszuschärfen. Feste Kooperationen und Bildungspartnerschaften stellen somit einen tragfähigen Weg dar, gleichwohl bleibt es eine bestehende Herausforderung, das Zusammenspiel beider Lernorte zu verstetigen und zu intensivieren (Aspelmeier/Beck/Erdmann 2022, 258f.; Handro 2012).

5. Archivpädagogische Formate

Angebote der Archive

In der folgenden Übersicht werden Grundformate historischen Lernens im Archiv vorgestellt (siehe Abb. 9). Die Ausgestaltung wie auch die Benennung variiert von Archiv zu Archiv, einzelne Formate können auch miteinander verbunden werden (vgl. z.B. Link 2014; Beck/Fiedler/Rudnik 2019; Exner/Schaupp/Schneider/Schweizer/Strauß/Teuchert 2022). Für die Nutzung ist daher mit jedem Archiv im Vorfeld zur klären, welche archivpädagogischen Angebote konkret möglich sind. Die Formate sind überwiegend auf die Arbeit im Archiv ausgelegt. Digitale Online-Angebote können teils unabhängig von einem Archivbesuch genutzt werden, teils auf das Lernen vor Ort vorbereiten bzw. dies ergänzen.

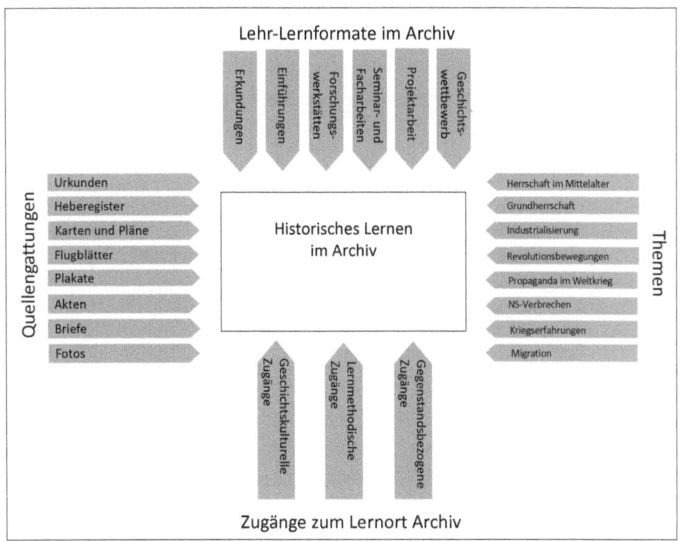

Abb. 9: Historisches Lernen im Archiv (eigene Darstellung)

Archiv-Erkundungen

Erstbegegnungen

Archiv-Erkundungen sind oftmals Erstbegegnungen mit dem Archiv (Sturm 2008). Sie dienen daher in erster Linie dem Kennenlernen des Archivs als Ort der Geschichtskultur wie als Lernort. Der Zugang erfolgt über geschichtskulturelle Fragestellungen zur Bildung, Sicherung und Bedeutung historischer Überlieferung: Was ist ein Archiv? Welche Aufgaben hat ein Archiv? Wie und warum werden Zeugnisse der Vergangenheit aufbewahrt? Was wird aufbewahrt und was nicht? Wie kann ich Quellen finden? Die Funktionen des Archivs in einer demokratischen Gesellschaft und seine Nutzungsmöglichkeiten werden dabei anschaulich erfahren. Damit werden zugleich die Grundlagen für das eigene Arbeiten im Archiv gelegt. Archiv-Erkundungen eignen sich für Schülerinnen und Schüler aller Altersstufen und Schulformen (Grundschulen und weiterführende Schulen). Vom Umfang her sind für die Grundinformationen 1–2 Zeitstunden einzuplanen. Für ein intensiveres Kennenlernen sind auch Erweiterungen auf ganze Schulvormittage denkbar. Bei der Durchführung ist auf ein ausgewogenes Verhältnis von Input durch Vortrag bzw. Demonstrationen und Schüleraktivierung zu achten:

Inhalte

- Der Einstieg kann bereits schülerorientiert erfolgen und mit der Frage nach dem eigenen Umgang mit privaten Dokumenten, Mails und Fotos an die Lebenswelt der Schülerinnen und Schüler anknüpfen. Das Grundprinzip von Aufbewahrung bzw. Speicherung und Wegwerfen bzw. Löschung lässt sich dann vom Privat- oder Familienarchiv direkt auf öffentliche Archive übertragen. Eine weitere Möglichkeit ist eine Aussonderungsübung, in der für bereit gestellte Materialien aus der Gegenwart entschieden werden muss, ob sie für die Zukunft aufbewahrt oder kassiert werden sollen. Für die Überlieferungsbildung lässt sich ebenso sensibilisieren, wenn Schülerinnen und Schülern zunächst direkt mit Originalen konfrontiert werden und darüber nachdenken sollen, warum sie aufbewahrt werden und was es bedeuten würde, wenn sie nicht mehr vorhanden wären.

- In einer Vorstellung des Archivs werden adressatenbezogen Grundinformationen vermittelt, d.h. die gesellschaftlichen und geschichtskulturellen Funktionen, die konkreten Aufgaben und Arbeitsweisen, die vorhandenen Bestände und Quellengattungen sowie die Zugangs- und Unterstützungsmöglichkeiten für Schülerinnen und Schüler.
- Das Herzstück ist die Führung bzw. Erkundung der zentralen Bereiche, an denen die Aufgaben des Archivs aufgezeigt werden (Magazin, Lesesaal, ggf. Restaurierungswerkstatt). Der Gang durch die Magazinräume kann auf verschiedene Weise didaktisch strukturiert werden. Als Ausgangspunkt bietet sich z.B. eine konkrete recherchierte Signatur eines Archivales an, das von den Schülerinnen und Schülern an seinem Lagerort mit seinen besonderen Schutzbedingungen aufgesucht und ausgehoben wird. Als „roter Faden" können ebenso ein thematischer Schwerpunkt, die Ortsgeschichte oder die bloße Vielfalt an Quellengattungen unterschiedlicher Epochen dienen.
- Die Erkundung des Archivs lässt sich leicht mit spielerischen Elementen für jüngere Schülerinnen und Schüler gestalten. Das Magazin wird dabei zu einer geheimnisvollen Schatzkammer, in der es besondere Schätze zu finden oder besondere Rätsel zu lösen gilt. Die Kinder übernehmen die Rolle von Entdeckerinnen und Entdeckern oder Zeitdetektivinnen und -detektiven. Leitfigur kann auch eine Archivmaus sein, die ihr Archiv kindegerecht erklärt (z.B. Stadtarchiv Aachen: https://www.aachen.de/de/kultur_freizeit/kultur/stadtarchiv/archivmaus.html, 1.8.2023).
- Ergänzend können handlungsorientierte Angebote eingebunden werden. In einer Siegelwerkstatt wird mittelalterliches Herrscherhandeln durch das Siegeln einer Urkunde mit eigenem Herrschaftsmonogramm nachvollzogen. In einer Schreibwerkstatt kann das Schreiben unterschiedlicher Schriften auf unterschiedlichen Beschreibstoffen (Pergament, Papier) mit Gänsefeder, Stift und Schreibmaschine ausprobiert werden.

Beispiel:
Eine Zeit-Reise durch die Jahrhunderte (Jahrgänge 1–6; Zeitstunden 1–2)
Bei dieser Archiv-Erkundung wird den Schülerinnen und Schülern das Archiv als eine große Zeit-Kapsel präsentiert, das Zugänge zu Menschen und ihrem Handeln aus früheren Jahrhunderten ermöglicht. Sie erhalten zu Beginn einen Zeit-Reise-Pass, gestaltet auf der Grundlage eines historischen Reisepasses aus der ersten Hälfte des 19. Jh. Mit Gänsefeder und Tinte tragen sie ihre persönlichen Daten ein: zeitgemäß Signalements anstelle eines Passfotos. Bei der nun folgenden Begehung der Magazinräume werden sie durch gesiegelte, von der „Archivdirektion" verfasste Briefe geleitet, die sie zu verschiedenen Stationen führen. Auf diese Weise reisen sie von Epoche zu Epoche immer tiefer in die Vergangenheit. An jeder Station finden sie eine ausgewählte Quelle, zu der sie ein Rätsel lösen müssen: z.B. ein Visitationsbericht der örtlichen Volksschule von 1910, ein Bericht über umherziehende Räuberbanden von 1808, ein Edikt des Fürstbischofs von 1756, einen Stadtplan von 1634 mit der Einzeichnung der Wehranlagen und eine Speisordnung des Leprosoriums aus dem 16. Jahrhundert. Sobald das jeweilige Rätsel gelöst ist, stempeln sie ihren Reisepass ab und folgen der nächsten Spur.

In der Begegnung mit den Originalen aus verschiedenen Jahrhunderten erfahren die Schülerinnen und Schüler auf sinnliche Weise Dimensionen der Geschichte und erhalten zugleich anschauliche Einblicke in die Aufgaben und Bedeutung von Archiven.

- Je nach Archiv können die technischen Möglichkeiten und die kulturelle Bedeutung von Restaurierung und Konservierung thematisiert werden. In Restaurierungswerkstätten werden die verschiedenen Verfahren zur Erhaltung und zum Schutz von Archivalien, wie das Anfasern von Fehlstellen oder das Kitten von Siegeln, erkundet und ggf. auch ausprobiert (Kistenich/Frank 2011).

- Eine umfangreichere Variante stellt das Stationenlernen an den einzelnen archivischen Arbeitsbereichen dar. Schülerinnen und Schüler lernen dabei handelnd die Aufgaben des Archivs kennen wie auch die Möglichkeiten, darin zu forschen (z.B. Stadtarchiv Münster: https://www.stadt-muenster.de/archiv/archiv-schule/fuehrungen, 1.8.2023).

Digitale Angebote:
- Digitale Unterstützung der Erkundung durch Apps wie z.B. Actionbound/BiParcours.
- Video-Einführungen, z.B. Armin Maiwald: Wie funktioniert eigentlich ein Archiv? (https://www.youtube.com/watch?v=Mmhf3GvdQhc, 1.8.2023); Oliver Brennecke: Was ist ein Archiv? (https://www.youtube.com/watch?v=P0VU7-Bxkbs, 1.8.2023).

Methodische Einführungen

Einführung in die Nutzung

Bei methodischen Einführungen stehen die Wege und Möglichkeiten der Nutzung des Archivs im Zentrum. Der Zugang erfolgt über lernmethodische Fragestellungen: Wo und wie finde ich geeignete Quellen zu meinem Thema? Wie kann ich sie einsehen und auswerten? Welche Herausforderungen stellen sich bei der Auswertung der verschiedenen Quellengattungen und wie kann ich damit umgehen? An konkreten Beispielen wird aufgezeigt und ausprobiert, wie die Findmittel für die eigene Recherche gezielt eingesetzt werden können, wie die Bestellung erfolgt und was bei der Auswertung der Originale zu berücksichtigen ist. Das Archiv wird als Ort der historischen Informationsgewinnung kennen und nutzen gelernt. Die Einführungen richten sich an Schülerinnen und Schüler weiterführender Schulen. Sie dienen der Vorbereitung auf die Nutzung für eigene Projektvorhaben, Seminar- und Facharbeiten oder Wettbewerbsbeiträge. Der Zeitumfang beträgt je nach Vertiefung ca. 1–2 Zeitstunden. Für die Einführung in die Nutzung des Archivs werden die einzelnen Recherche- und Arbeitsschritte der

Reihe nach thematisiert und anwendungsbezogen durchgespielt. Vorlage können bereits konkrete Projektvorhaben der Schülerinnen und Schüler sein:

Inhalte

- Da das forschende und entdeckende Lernen im Archiv immer von einer Fragestellung ausgeht, kann am Anfang die Einführung in die Heuristik stehen. Es wird aufgezeigt, wie historische Fragestellungen so zu entwickeln sind, dass sie in einem angemessenen Umfang Neues zu Tage fördern und dabei zugleich nicht überfordern.
- Daran schließt sich eine Einführung in die Nutzung der archivischen Findmittel an. Die Recherchemöglichkeiten von Archivportalen zum Auffinden der richtigen Archive wie auch zur digitalen Recherche und Einsichtnahme in digitalisierte Archivalien werden aufgezeigt (siehe Kap. 6, Abschnitt Archivportale und Kontakte). Am Beispiel des jeweiligen Archivs werden die (digitalen) Recherchewege über die Beständeübersicht und die Findbücher der einzelnen Bestände so durchgespielt, dass Schülerinnen und Schüler sie selbst anwenden können. In diesem Zusammenhang wird auch die selektive Herausforderung, also die Frage der Auswahl thematisiert, die sich jedem Forschungsprozess stellt.
- Den Abschluss der Recherche bildet die Bestellung der ausgewählten Archivalien mit ihrer jeweiligen Signatur über die Bestellfunktion des Archivprogramms.
- Im Folgenden steht der Umgang mit den Archivalien im Mittepunkt. An ausgewählten Originalen werden die einschlägigen Quellengattungen des Archivs vorgestellt, einschließlich ihrer Provenienz, ihrer epochentypischen Besonderheiten und ihres spezifischen Aussagewerts.
  Im demonstrierenden Verfahren kann dabei die Interpretation ausgewählter Quellen exemplarisch durchgespielt werden. Dabei begegnen die Schülerinnen und Schüler erstmals den paläographischen, semantischen und methodischen Herausforderungen des Lesen, Verstehens und Deutens von Originalquellen. Sie bekommen Hilfsmittel (z.B. Schrifttafeln, Nachschlagewerke) und Unterstützungen an die Hand, um mit diesen Herausforderungen um-

zugehen.

- Die formalen Rahmenbedingungen der Archivnutzung spielen bei der Einführung ebenfalls eine Rolle. Dazu gehören die Beantragung eines Benutzerausweises, das Kennenlernen der Nutzungsbedingungen im Lesesaal, die Möglichkeiten zur Erstellung von Arbeitskopien bzw. -fotografien und die Beachtung möglicher Schutzfristen sowie des Umgangs mit ihnen.

Digitale Angebote:
Einzelne Archive bieten Video-Tutorials und digitale Einführung in die Nutzung an, z.B.

- Landesarchiv Baden-Württemberg (https://www.landesarchiv-bw.de/de/recherche/recherchehilfen---dienstbibliotheken/suchanleitung/60705, 1.8.2023);
- Schüler forschen im Archiv: Ein archivpädagogischer Führer für Schülerinnen und Schüler durch das Landesarchiv Nordrhein-Westfalen, Veröffentlichungen des Landesarchivs Nordrhein-Westfalen, Band 57, Duisburg 2015 (online unter: https://www.archive.nrw.de/landesarchiv-nrw/geschichte-erfahren/schule/schuelerinnen-forschen-im-archiv, 1.8.2023);
- Burkhardt, Martin, Tutorium Archivarbeit (https://historicum-estudies.uni-koeln.de/wissenschaftliches-arbeiten-i/tutorium-archivarbeit, 1.8.2023).

Forschungswerkstätten

thematische Spurensuche

Forschungswerkstätten meinen als Oberbegriff ein Lern-Lehrformat, bei dem das Archiv von einer Lerngruppe für die historische Spurensuche zu einem bestimmten Thema des Unterrichts genutzt wird. Der primäre Zugang erfolgt über gegenstandsbezogene Fragestellungen: Welche Auswirkungen hatte der Erste Weltkrieg in der Region? Was geschah mit den jüdischen Bürgerinnen und Bürgern meiner Stadt in der NS-Zeit? Wie wurde abweichendes Verhalten von Jugendlichen in der DDR verfolgt? An ausgewählten Archivalien wenden Schülerinnen und Schüler forschendentdeckend Schritte der historischen Erkenntnismethode an und gelangen so zu eigenen Antworten und Teil-Narrationen. Mit der inhaltlichen Erarbeitung von Gegenstandswissen geht die Einübung und Anwendung von methodischem Erkenntniswissen einher. Das Archiv wird als Ort des Forschens und der historischen Informationsgewinnung praktisch erfahren. Forschungswerkstätten richten sich als archivpädagogisches Angebot an Schülerinnen und Schüler aller Schulformen und Altersgruppen. Das Lernarrangement wird durch die Auswahl an exemplarischen Quellen und die Bereitstellung von Unterstützungsangeboten an die jeweiligen Lernvoraussetzungen angepasst. Der Zeitumfang beträgt ca. 2–4 Stunden.

Anbindung an den Unterricht

Forschungswerkstätten sind inhaltlich und methodisch an den Unterricht angebunden. Am Ende einer Unterrichtsreihe können die erworbenen methodischen Kompetenzen in der Labor-Situation des Archivs angewendet, die im Unterricht gewonnenen inhaltlichen Erkenntnisse am lokalen oder regionalen Beispiel überprüft, bestätigt oder differenziert werden. Die Archivarbeit kann ebenso als Einstieg in eine Unterrichtsreihe fungieren, indem aus der Quellenarbeit heraus erste Erkenntnisse und Hypothesen gewonnen und weiterführende Fragen entwickelt werden, die anschließend im Unterricht weiterverfolgt werden. Damit die Verbindung von Unterricht und Archivarbeit gelingt, sind im Vorfeld Absprachen zwischen Lehrkraft und Archivpädagogin bzw. Archivpädagoge erforderlich (siehe Kap. 6, Abschnitt Checklisten für den Archivbesuch). Einerseits muss abgestimmt werden, ob für das gewünschte Unterrichtsthema, das einer Leitfrage folgen sollte, für Schülerinnen und Schüler geeignete Quellen vorhanden und benutzbar sind. Zum anderen sind Informationen zur Lerngruppe erforderlich, um das Forschungsarrangement im Archiv an die jeweiligen inhaltlichen und methodischen Lernvoraussetzungen anzupassen. Auf dieser Grundlage werden geeignete Archivalien unter archivpädagogischen Aspekten ausgewählt. Zu berücksichtigen sind insbesondere Lesbarkeit, Verständlichkeit, Exemplarität, Multiperspektivität und inhaltliche Ergiebigkeit der

Quellenauswahl. Einige Archive passen ihre Angebote an die konkreten Nachfragen der Lehrkräfte an, andere haben sich auf thematisch festgelegte Module spezialisiert.

Inhalte

Bei Lerngruppen in Klassen- oder Kursstärke bietet es sich an, die Leitfrage in Unterthemen zu bearbeiten, die Schülerinnen und Schüler also arbeitsteilig in Gruppen zu einzelnen Teilbereichen forschen zu lassen. Auch für die Quellenauswahl ist eine thematische Aufteilung hilfreich.

Die Forschungswerkstatt sollte mit einer kurzen Einführung beginnen, in der das Archiv und die Besonderheiten seiner Überlieferung vorgestellt werden. Daran können sich gut Hinweise zu den ausgewählten Archivalien anschließen. An dieser Stelle sollten auch die Nutzungsbedingungen und Regeln für den schonenden Umgang mit den Originalen aufgezeigt werden. Im Sinne des demonstrierenden forschenden Lernens kann vorweg der Interpretationsprozess am Beispiel einer Quelle durchgespielt werden – von der formalen Analyse und der Bestimmung des Aussagewertes über die inhaltliche Erschließung bis hin zu den Möglichkeiten der Deutung und des Rückbezugs auf die Ausgangsfrage.

Unterstützungen

Für die möglichst selbstständige Arbeit mit den zunächst sperrigen Originalquellen benötigen die Schülerinnen und Schüler Unterstützungsangebote. Bereitgestellt werden können z.B.:

- Kontextinformationen zu den einzelnen Quellenarten,
- Begriffsklärungen,
- Frageimpulse zur formalen Analyse und zur inhaltlichen Auswertung,
- falls erforderlich Schrifttafeln und ggf. kurze Einführungen in die Schrift,
- bei ganzen Akten Markierungen von geeigneten Seiten durch Lesezeichen, die erste erfolgversprechende Zugriffe ermöglichen.

Beispiel: Eine Forschungswerkstatt zu den Auswirkungen des Ersten Weltkrieges auf die Zivilbevölkerung (Sek. I und II; Zeitstunden 2–3)
Im Unterricht wird der Erste Weltkrieg als erster Krieg der Moderne thematisiert. Aus dem Unterrichtszusammenhang heraus entsteht die Frage nach den konkreten Auswirkungen des Krieges auf die Bevölkerung des eigenen Ortes. Diese Frage führt ins Archiv.

Im Vorgespräch wird der organisatorische, zeitliche und inhaltliche Rahmen abgestimmt. Der Archivbesuch beginnt mit einer kurzen Vorstellung des Archivs und seiner Aufgaben sowie der ausgewählten Archivalien. Ausgehend von der Leitfrage arbeiten die Schülerinnen und Schüler in Teilgruppen zu folgenden Bereichen:

- Mobilisierung der Bevölkerung (Propagandaplakate zur Ausschärfung des Feindbildes und mit Appellen zur Opferbereitschaft, Zeitungsartikel),
- Versorgungslage (Plakate mit Aufrufen zur Sammlung knapper Ressourcen wie Geld- und Goldspenden, Altkleider oder Obstkernen zur Ölgewinnung, Fotos von Sammelstationen),
- Arbeitseinsätze (Plakate mit Aufrufen zu Arbeitseinsätzen in der Industrie und bei der Ernte, Fotos von Arbeitseinsätzen),
- Stimmung in der Bevölkerung (interne Berichte von Behörden über die Versorgungslage und die Stimmung in der Bevölkerung),
- Jugend und Krieg (Akten zur Organisation der vormilitärischen Ausbildung in sog. „Jugendwehren“ und zu Wettkämpfen im „Wehrturnen“),
- Schule und Krieg (Schulchroniken, in denen sich der Kriegsalltag niederschlägt, z.B. Aufzählung von Kriegsfreiwilligen sowie von gefallenen Lehrern und Schülern, Ernteeinsätze, Abituraufgaben mit Kriegsbezug).

In dem abschließenden Werkstattbericht tragen die Schülerinnen und Schüler ihre Einzelerkenntnisse zusammen und entwickeln in der Summe eine Bild von den vielfältigen Auswirkungen des Krieges auf die Bevölkerung vor

Ort. Der im Unterricht besprochene neuartige Charakter des Krieges wird auf diese Weise empirisch ausdifferenziert und bestätigt.

Rückbindung an den Unterricht

Am Ende einer Forschungswerkstatt berichten die Schülerinnen und Schüler aus den einzelnen Gruppen ihren Mitschülerinnen und Mitschülern über die Ergebnisse ihrer Arbeit. Dazu zählen zum einen inhaltliche Informationen mit Bezug auf die Leitfrage, zum anderen aber auch methodische Erfahrungen im Umgang mit den Originalen. Auf diese Weise werden die methodischen Erkenntnisse reflektiert und die inhaltlichen Einzelerkenntnisse im Sinne eines Werkstattberichts so zusammengeführt, dass sich eine erste Narrativierung abzeichnet. Noch im Archiv oder später im Unterricht können die inhaltlichen Erkenntnisse systematisch zusammengetragen und in den Gang der Unterrichtsreihe eingebunden werden. Die Erkenntnisse aus der Archivarbeit bilden dann eine wichtige Grundlage für die Sach- und Werturteilsbildung.

Digitale Angebote:
Einzelne Archive haben Archivalien themengebunden für Schülerinnen und Schüler zusammengestellt und didaktisch aufbereitet, z.B.

- Themenportal des Bundesarchivs zur Weimarer Republik (https://weimar.bundesarchiv.de/WEIMAR/DE/Navigation/Home/home.html, 1.8.2023);
- Forscherwerkstatt NRW des Landesarchivs NRW (https://www.archive.nrw.de/landesarchiv-nrw/geschichte-erfahren/schule/forscherwerkstatt-nrw, 1.8.2023);
- Digitales Archiv Marburg des Staatsarchivs Marburg (www.digam.net, 1.8.2023; siehe hierzu Rosenkötter 2022, 302–308).

Seminar- und Facharbeiten

Einbindung des Archivs

Seminar- und Facharbeiten sind in der gymnasialen Oberstufe einzelner Bundesländer obligatorisch. Sie dienen der Wissenschaftspropädeutik und folgen somit dem Ansatz des forschend-entdeckenden Lernens. Ausgehend von einer mit der betreuenden Lehrkraft abgestimmten historischen Frage recherchieren Schülerinnen und Schüler möglichst selbstständig in Bibliotheken, Internetressourcen, Gedenkstätten, Museen und eben auch in Archiven. Das Archiv wird hier in erster Linie gegenstandsbezogen genutzt, um Quellen zur Beantwortung der Ausgangsfrage zu finden und auszuwerten. Es kommt vor allem dann ins Spiel, wenn die Seminar- oder Facharbeit lokale oder regionale Auswirkungen allgemeiner historischer Ereignisse und Entwicklungen in den Blick nimmt. Das können auch biografische Spurensuchen sein. Schülerinnen und Schüler recherchieren über Archivportale geeignete und zuständige Archive für ihre Fragestellung und wenden sich dorthin mit der konkreten Anfrage nach Quellen und Unterstützungsangeboten (siehe Kap. 6, Abschnitt Checklisten für den Archivbesuch sowie Kap. 6, Abschnitt Archivportale und Kontakte). Das Archiv übernimmt zum einen eine Beratungsfunktion, indem es die vorhandene Quellenlage sowie ihre Nutzungsmöglichkeiten erklärt, bei Bedarf auch Hinweise zur Eingrenzung der Fragestellung gibt und ggf. auf einschlägige Bestände anderer Archive verweist. Das Archiv übernimmt ebenso die Funktion der archivpädagogischen Unterstützung bei der Nutzung, indem es bei der Recherche in den eigenen Beständen hilft und soweit erforderlich bei der Auswertung zur Seite steht.

Forschen im Archiv

Schülerinnen und Schüler wenden im Laufe ihres Arbeitsprozesses die einzelnen Schritte der historischen Erkenntnismethode an, gelangen durch die quellenkritische Auswertung der gefundenen Archivalien zu eigenen Erkenntnissen, die sie dann in Abstimmung mit der Forschungsliteratur zu einer eigenen Narration systematisieren und zusammenfassen. Mit der forschend-entdeckenden Erarbeitung von Gegenstandswissen geht die Einübung und Anwendung von fachmethodischem Erkenntniswissen einher. In der Summe wird das

Archiv als Ort des Forschens und der historischen Erkenntnisgewinnung praktisch erfahren.

Beispiel:
Eine Facharbeit zur Schule im Nationalsozialismus
Ein Schüler möchte seine Facharbeit in Pädagogik zur Schule im Nationalsozialismus verfassen. Seine Lehrerin gibt ihm den Hinweis, dafür die Geschichte der eigenen Schule aufzugreifen und sich an die zuständigen Archive, das Stadtarchiv und das Landesarchiv, zu wenden. Er nimmt per Mail Kontakt mit den Archiven bzw. Archivpädagoginnen und Archivpädagogen auf. Die Rückmeldung ergibt, dass zu dem Thema zahlreiche Quellen vorhanden sind, die Fragestellung aber genauer eingrenzt werden muss: Soll es um die organisatorische und personelle „Gleichschaltung" gehen, um den Konflikt zwischen Schule und Hitlerjugend oder um die Auswirkungen der NS-Ideologie auf Schulalltag und Unterricht?

Der Schüler entscheidet sich für das zuletzt genannte Thema. In beiden Archiven werden ihm ausgewählte Archivalien herausgesucht und im Lesesaal bereitgestellt: Schulchroniken mit einer Auflistung der Propagandafeiern im Laufe eines Schuljahres, Zeitungsartikel mit den Reden zur Entlassung von Abiturienten, Lehrpläne der einzelnen Fächer und Abiturklausuren. Das Material ist so umfassend, dass der Schüler eine Auswahl treffen muss, um inhaltlich und zeitökonomisch den Facharbeitsrahmen nicht zu sprengen. Im Archiv erhält er einzelne Hinweise, die das Verständnis erleichtern (unbekannte Benennung der Jahrgänge) und ihm dabei helfen, den Aussagewert zu bestimmen (Perspektivität, Adressaten und Intentionen der einzelnen Quellen). Er kann hierbei direkt an die im Geschichtsunterricht erlernte Methodik der Quellenarbeit anknüpfen. Er trägt die inhaltlichen Einzelerkenntnisse zusammen, kombiniert und ordnet sie in einen Zusammenhang und findet so eigene Antworten auf seine Ausgangsfrage.

Digitale Angebote:
Soweit rechtlich und technisch möglich, stellen Archive ihre Archivalien zunehmend digital und online bereit. Die Recherche und Einsichtnahme kann daher in Teilen online erfolgen und den Archivbesuch vor Ort ergänzen. Informationen dazu finden sich in den Archivportalen (Kap. 6, Abschnitt Archivportale und Kontakte). Beispiele für die Online-Bereitstellung von Archivalien:

- Das Stasi-Unterlagen-Archiv stellt für Schülerinnen und Schüler Aktenauszüge zu thematisch ausgerichteten Einzelfällen bereit (Quellen für die Schule: https://www.stasi-unterlagen-archiv.de/informationen-zur-stasi/publikationen/, 1.8.2023);
- Einzelne Archive, wie die Arolsen Archives, sind vollständig digitalisiert (https://arolsen-archives.org/suchen-erkunden/, 1.8.2023).

Projektarbeit

Projektvorhaben

Das Archiv wird einzeln oder in Gruppen für die historische Spurensuche gegenstandsbezogen zu einer historischen Fragestellung genutzt, die sich aus einem Projektzusammenhang ergibt. Historische Projekte werden zu ganz unterschiedlichen Anlässen und mit verschiedenen Intentionen durchgeführt: z.B. „Stolperstein"-Projekte zur Erinnerung an die Opfer nationalsozialistischer Gewaltherrschaft, Schuljubiläen mit Rückblicken auf die Geschichte der Schule, Gedenktage mit der Aufarbeitung historischer Hintergründe und Zusammenhänge. Projektarbeit kann im Rahmen eines Unterrichtsvorhabens erfolgen, je nach Bundesland auch als Projektkurs oder als freie Arbeitsgemeinschaft. In der Regel erstreckt sie sich über einen längeren Zeitraum bis hin zu einem ganzen Schuljahr. Historische Projektarbeit folgt dem Ansatz des forschend-entdeckenden Lernens und durchläuft mit pädagogischer Unterstützung alle Phasen des historischen Erkenntnisverfahrens. Ausgehend von der Formulierung von Untersuchungsfragen gehen Schülerinnen und Schüler auf historische Spurensuche und recherchieren in

Bibliotheken, Internetressourcen, Gedenkstätten, Museen und eben auch in Archiven (siehe Kap. 6, Abschnitt Checklisten für den Archivbesuch sowie Kap. 6, Abschnitt Archivportale und Kontakte).

Unterstützung

Archive bieten sich bei historischer Projektarbeit einerseits für die Beratung an (Eingrenzung von Fragestellungen, Verweis auf einschlägige Bestände auch anderer Archive), andererseits begleiten sie bei der Benutzung der jeweils eigenen Bestände (Recherche und Auswahl von geeigneten Quellen, Kontextinformationen zu den einzelnen Quellengattungen, Hilfestellung bei der Auswertung). Die Beratungs- und Unterstützungsangebote richten sich sowohl an die betreuenden Lehrkräfte wie an die das Projekt durchführenden Schülerinnen und Schüler. Die Intensität der archivpädagogischen Begleitung kann sich an die jeweiligen Lernvoraussetzungen der Projektgruppe anpassen. So recherchieren Schülerinnen und Schüler im Archiv nach passenden Quellen zu ihrer Fragestellung, werten sie aus und bündeln die Einzelerkenntnisse zu einer zusammenfassenden Rekonstruktion und Narration. Mit der inhaltlichen Erarbeitung von Gegenstandswissen geht die Einübung und Anwendung von methodischem Erkenntniswissen einher. Das Archiv wird als Ort des Forschens und der historischen Informationsgewinnung praktisch erfahren.

Beispiel:
Ein „Stolperstein"-Projekt zur Erinnerung an das Schicksal einer jüdischen Familie

Eine Schule möchte die Patenschaft für die Verlegung von „Stolpersteinen" übernehmen. „Stolpersteine" sind kleine Gedenktafeln, die zur Erinnerung an jüdische Bürgerinnen und Bürger an der Stelle ihres letzten frei gewählten Wohnsitzes im Pflaster eingelassen werden. Zur Patenschaft gehört neben der Finanzierung der Verlegung auch die Recherche des Schicksals der Familienmitglieder.

In der Schule wird eine Geschichts-AG eingerichtet. Erste Recherchen erfolgen über die lokalgeschichtliche Literatur, die schon erste Informationen zur Familie bietet und

Verweise auf Quellen in den Archiven enthält. Die Schülerinnen und Schüler der AG fragen bei den Archiven per Mail nach. Vom Stadtarchiv erhalten sie die Rückmeldung, dass sie dort die Meldekarteien des Standesamtes und Adressbücher einsehen können. Das Landesarchiv hat Akten der sog. „Wiedergutmachung“ und der „Rückerstattung“ aus der Zeit der Bundesrepublik gefunden, aus denen sich das Verfolgungsschicksal rekonstruieren lässt. Die Schülerinnen und Schüler teilen sich auf und werten in den beiden Archiven die bereitgestellten Archivalien aus. Sie arbeiten grundlegende Informationen zu den Lebensdaten der Familienmitglieder, zum Boykott des Geschäftes, zur Flucht eines Bruders und zur Deportation heraus. Ein Teil der Akten ist zuvor noch von niemandem eingesehen worden. Die Gruppe erfährt so von einer bisher unbekannten Schwester, der ebenfalls die Flucht gelang. Die Einzelergebnisse werden in der Schule zusammengetragen und ergeben in der Summe ein umfassendes Bild über das Schicksal der Familienmitglieder. Die Ergebnisse werden anlässlich der Verlegung der „Stolpersteine“ in einer kleinen Ausstellung in der Schule präsentiert.

Digitale Angebote:

- Soweit rechtlich und technisch möglich, stellen Archive ihre Archivalien zunehmend digital und online bereit. Die Recherche und Einsichtnahme kann daher in Teilen online erfolgen und den Archivbesuch vor Ort ergänzen. Informationen dazu finden sich in den Online-Portalen (siehe Kap. 6, Abschnitt Archivportale und Kontakte). Einzelne Archive, wie die Arolsen Archives, sind vollständig digitalisiert (https://arolsen-archives.org/suchen-erkunden/, 1.8.2023);
- Film zur Projektarbeit im Archiv: „Vergangenheit wir kommen. Spurensuche im Archiv“ (https://westfalen-medien-shop.lwl.org/download-medien/100/download-vergangenheit-wir-kommen, 1.8.2023).

Geschichtswettbewerb

Geschichtswettbewerb des Bundespräsidenten

Für die Teilnahme am Geschichtswettbewerb des Bundespräsidenten nimmt das Archiv eine zentrale Rolle ein. Schülerinnen und Schüler aller Schulformen und Altersstufen werden seit 1973 alle zwei Jahre dazu aufgerufen, in ihrem persönlichen Umfeld auf historische Spurensuche zu gehen. Vorgegeben wird jeweils ein gesellschaftlich relevantes Oberthema, zu dem sich die Schülerinnen und Schüler ein eigenes Unterthema mit persönlichem, d.h. familiärem oder lokalem Bezug wählen. Ausgelobt wird der Wettbewerb von der Hamburger Körber-Stiftung, die auch umfangreiche Unterstützungsangebote für Schülerinnen und Schüler wie für betreuende Lehrkräfte anbietet. Die Schirmherrschaft übernimmt der Bundespräsident, die Bewertung der Beiträge erfolgt in Fachjurys. Den Schülerinnen und Schülern winken auf Landes- und Bundeseben Geldpreise und für die Erstplatzierten eine Preisverleihung durch den Bundespräsidenten im Schloss Bellevue (Dittmer/Tetzlaff 2006; Handro 2019).

forschend-entdeckendes Lernen

Der Geschichtswettbewerb ist dem Ansatz des forschend-entdeckenden Lernens verpflichtet. Für die Projektarbeit ist ein Zeitraum von sechs Monaten vorgesehen. Schülerinnen und Schüler folgen bei einer Teilnahme den Schritten der historischen Erkenntnismethode von der Formulierung einer historischen Fragestellung, über die Recherche und Auswertung von Quellen bis hin zur Narrativierung und Präsentation. Unterstützt werden sie dabei an den Schulen von Lehrkräften, die als Tutorinnen und Tutoren fungieren. Neben dem Archiv (siehe Kap. 6, Abschnitt Checklisten für den Archivbesuch sowie Kap. 6, Abschnitt Archivportale und Kontakte) wird in der Regel auch in Bibliotheken, Internetressourcen, Museen und Gedenkstätten recherchiert. Soweit möglich werden auch Expertinnen und Experten sowie Zeitzeuginnen und Zeitzeugen befragt. Einige Archive bieten im Rahmen des Geschichtswettbewerbs auch Beratungen und Unterstützungen für die betreuenden Lehrkräfte bzw. Tutorinnen und Tutoren an, z.B.:

Unterstützung für Lehrkräfte

- Auftaktveranstaltungen und Workshops zu Beginn eines Wettbewerbsdurchgangs mit Hinweisen zum Thema, zu Lernorten, zu den jeweiligen Recherchemöglichkeiten wie auch zu den Ausschreibungsmodalitäten des Wettbewerbs und zur Methodik der Projektarbeit,
- Hinweise auf geeignete Bestände und Archivalien, die an die Schülerinnen und Schüler weitergegeben werden können.

Beispiel:
Ein Beitrag zum Wettbewerb „Mehr als ein Dach über dem Kopf. Wohnen hat Geschichte"

Eine Schülerin und ein Schüler entscheiden sich, gemeinsam an dem Wettbewerb teilzunehmen. In der Schule werden sie von ihrer Geschichtslehrerin als Tutorin unterstützt und begleitet. Sie erhalten von ihr auch das Magazin „Spurensuchen", das zum aktuellen Wettbewerb mit vielen Anregungen und praktischen Hinweisen herausgegeben wurde. Nach einem ersten Brainstorming entscheiden sie sich für eine Beschäftigung mit Obdachlosigkeit, da sie auf ihrem Schulweg täglich an einer Obdachlosenunterkunft vorbeifahren.

Sie überlegen gemeinsam mit ihrer Tutorin, wo sie Informationen zur Geschichte der Obdachlosigkeit finden können. Dabei kommen sie auch auf Archive und fragen sich, welche Archive Quellen zu ihrem Thema aufbewahren könnten. Sie beginnen mit einer Anfrage beim Stadtarchiv und erhalten die Rückmeldung, dass sie dort im Lesesaal Dokumente zu den kommunalen Obdachlosenunterkünften einsehen können. Außerdem erhalten sie den Hinweis, dass sie ihre Anfrage auch an die kirchlichen Archive und an das Landesarchiv richten sollten, da dort die Überlieferung von kirchlichen Sozialeinrichtungen bzw. der staatlichen Behörden zu dem Thema aufbewahrt werden.

Die nun folgende Phase der Archivrecherchen planen sie systematisch mit dem Projektplaner, den sie von der Körber-Stiftung bekommen haben. Denn die Arbeit in den Archiven wird einige Nachmittage in Anspruch nehmen und ist mit anderen schulischen und privaten Terminen in Übereinstimmung zu bringen. Dank ihrer Voranfrage in den Archiven liegen bei ihrem ersten Besuch im Lesesaal bereits ausgewählte Quellen bereit. Sie erhalten von den Archivpädagoginnen und -pädagogen Hinweise zur Nutzung und zu den Besonderheiten der einzelnen Quellengattungen. Sie beginnen mit einem Überblick über die herausgelegten Quellen und notieren sich, welche sie genauer auswerten wollen. Sie schreiben alle wichtigen Informationen heraus, soweit möglich machen sie sich Arbeitskopien mit dem Handy oder lassen Reproduktionen anfertigen, um zu Hause bzw. in der Schule damit weiterarbeiten zu können. Während der Arbeit mit den Quellen wird ihnen klar, dass sie ihre Fragestellung auf einzelne Aspekte bzw. Zeiträume eingrenzen müssen. Die Auswertung orientiert sich nun genauer an diesem „roten Faden".

Nach dem Abschluss der Archivarbeit tragen sie alle ihre Informationen, auch die in der Literatur und durch die Befragung eines Experten gewonnenen, zusammen. Anhand der Fragestellung gliedern sie ihre Arbeit und machen sich an die Abfassung einzelner Kapitel. So entsteht Schritt für Schritt ihre eigene Forschungsarbeit.

Unterstützung für Schülerinnen und Schüler

Die Unterstützungsangebote des Archivs für Schülerinnen und Schüler können sich an die jeweilige Altersgruppe und Lernvoraussetzungen anpassen. Sie erstrecken sich auf verschiedene Ebenen:

- Beratung bei der Themenfindung bzw. Eingrenzung der Fragestellung, die sich auch an der zugänglichen und für die jeweiligen Schülerinnen und Schüler geeigneten Quellenlage orientieren muss,
- Unterstützung bei der Recherche in den Beständen des Archivs und bei der Auswahl geeigneter Quellen,
- Hilfestellungen bei dem Lesen, Verstehen und Auswerten von Quellen, z.B. durch Hinweise auf Besonderheiten der einzelnen Quellengattungen und Entstehungskontexte.

Wettbewerbsbeitrag

Die Archivarinnen und Archivare bzw. Archivpädagoginnen und Archivpädagogen können somit verschiedene Rollen übernehmen: Sie sind „Impulsgeber, Vorarbeiter, Forschungspartner, Helfer, Experte oder Tutor" (Murken 2020, 68). Derart begleitet wird das Archiv als Ort des Forschens und der historischen Informationsgewinnung praktisch erfahren. Die im Archiv und andernorts gewonnenen Einzelerkenntnisse werden in der letzten Projektarbeitsphase zusammenfassend narrativiert, auf die Ausgangsfrage bezogen und in einer selbst gewählten Form präsentiert (schriftliche Arbeit, literarische Umsetzung, Podcast, Film, Multimediapräsentation o.a.). Mit dem Wettbewerbsbeitrag muss auch ein Arbeitsbericht eingereicht werden, in dem der Forschungsprozess reflektiert wird.

Digitale Angebote:

- Einzelne Archive bieten zu jedem Wettbewerb Anregungen zur Themenfindung mit Hinweisen auf geeignete Quellen aus den eigenen Beständen an. Informationen zu den lokalen und regionalen Archiven könne über die Archivportale recherchiert werden (siehe Kap. 6, Abschnitt Archivportale und Kontakte);
- Informationen zum Geschichtswettbewerb und Unterstützungsangebote für Schülerinnen und Schüler wie auch Hinweise für betreuende Lehrkräfte finden sich auf den Seiten der Körber-Stiftung: (https://koerber-stiftung.de/projekte/geschichtswettbewerb/, 1.8.2023).

6. Praxisleitfaden

Checklisten für den Archivbesuch

Die folgenden Checklisten sollen eine Orientierung und Hilfestellung für die Vorbereitung eines Archivbesuches bieten – einmal für Schülerinnen und Schüler, die weitgehend selbstständig eine Archivrecherche planen, einmal für Lehrkräfte, die für ihre Lerngruppe einen gemeinsamen Besuch des Archivs vorbereiten.

Für Schülerinnen und Schüler im Rahmen eigener Recherchen	
☐	Auswertung der Literatur zum Thema, in der es möglicherweise schon erste Hinweise auf Archive, Bestände und konkrete Archivalien mit Signatur gibt.
☐	Überlegung, welche Quellen zur Beantwortung der eigenen Fragestellung benötigt werden und in welchem Archiv sie vermutlich zu finden sind (Kommunalarchiv, staatliches Archiv, Kirchenarchiv o.a.). Archivportale können bei der Suche nach dem richtigen Archiv helfen (siehe Kap. 6, Abschnitt Archivportale und Kontakte). Auch mehrere Archive können in Frage kommen.
☐	Ansprechpartnerinnen und -partner bzw. eine Kontaktadresse über das Archivportal oder die Website des Archivs finden und eine Anfrage an das Archiv stellen: Vorstellung des Themas, der Fragestellung und der gesuchten Quellen, Bitte um Unterstützung und Beratung.
☐	Soweit möglich erste eigenständige Recherche in den Online-Findmitteln des Archivs (Beständeübersicht und Findbücher). Notieren und ggf. Vorbestellen der gefundenen Archivalien. Einzelne Bestände und Archivalien sind evt. online einsehbar.
☐	Vorbereitung des Archivbesuchs: Klärung von Erreichbarkeit des Archivs und Öffnungszeiten des Lesesaals, soweit möglich Vorbestellung von Archivalien. Beachtung von Schutzfristen.

☐	Im Archiv Anmeldung (Benutzerausweis), Ablegen von Jacken und Taschen vor dem Besuch des Lesesaal
☐	Ggf. weitere Recherche in den Findmitteln des Lesesaals (Beständeübersicht, Findbücher), Beratung durch Mitarbeiterinnen und Mitarbeiter des Archivs.
☐	Soweit noch nicht geschehen Bestellung von geeigneten Archivalien. Sie werden zu bestimmten Zeiten aus dem Magazin ausgehoben und zur Einsichtnahme an einem Arbeitsplatz im Lesesaal bereitgestellt.
☐	Erste Durchsicht der bestellten Archivalien, um sich einen Überblick zu verschaffen. Dann vertieftes Lesen und Auswerten. Nutzung von Hilfsmitteln und Unterstützung (Schrift, Sprache, Besonderheiten der Quellengattung).
☐	Herausschreiben der wichtigen Informationen, die sich auf die eigene Fragestellung beziehen. Dabei immer die Signatur notieren, um die Informationen später zuordnen und belegen zu können. Ggf. ist es möglich, mit dem Handy oder Tablet eigene Arbeitskopien anzufertigen, um zu Hause in Ruhe mit den Dokumenten arbeiten zu können. Ggf. sind auch Scans (Reproduktionen) durch die Fotowerkstatt des Archivs möglich (Kosten und Bearbeitungszeit klären).
☐	Ggf. weiterführende Recherche und Bestellung weiterer Archivalien.

Für Lehrkräfte zur Vorbereitung eines Archivbesuchs mit einer Lerngruppe	
☐	Klärung des primären Interesses des Archivbesuchs: Kennenlernen des Archivs und seiner Aufgaben, methodische Einführung in die Archivrecherche, inhaltliche Quellenarbeit in Anbindung an das eigene Unterrichtsthema, Projektarbeit? Auch Kombinationen sind möglich.
☐	Suche nach einem Archiv in erreichbarer Nähe mit einem archivpädagogischen Angebot. Nicht jedes Archiv verfügt über die räumlichen und personellen Möglichkeiten, eine Lerngruppe zu betreuen. Archivportale können bei der Archiv-Suche helfen, ebenso die Übersicht des Arbeitskreises für Archivpädagogik und Historische Bildungsarbeit (siehe Kap. 6 Archivportale und Kontakte)
☐	Kontaktaufnahme und Absprache über das gewünschte Format, die Größe und das Alter der Gruppe, die Lernvoraussetzungen und den Zeitrahmen.

Archivportale und Kontakte

Die erste Kontaktaufnahme mit den Archiven bzw. den Archivpädagoginnen und Archivpädagogen kann in der Regel digital erfolgen. In der folgenden Übersicht finden sich weiterführende Links zu den Ansprechpartnerinnen und – ansprechpartnern sowie zu den einschlägigen Archivportalen. Über die Archivportale können auch erste Online-Recherchen und Einsichtnahmen in digitalisierte Archivalien erfolgen.

- Übersicht über die archivpädagogischen Ansprechpartnerinnen und -partner in deutschen Archiven auf der Website des „Arbeitskreises Archivpädagogik und Historische Bildungsarbeit im VdA" (https://www.vda.archiv.net/archivpaedagogen/ansprechpartner-in-deutschen-archiven.html, 1.8.2023);
- Archivportal D: Online-Portal der deutschen Archive mit Kontaktdaten der einzelnen Archive, Möglichkeiten der Online-Recherche und Einsichtnahme in digitalisierte Archivalien, (https://www.archivportal-d.de/, 1.8.2023);
- Übersicht über die regionalen Archivportale in Deutschland, (https://www.archivportal-d.de/content/weitere-portale, 1.8.2023);
- Europeana: spartenübergreifende virtuelle Sammlung mit Zugang zu digitalisierten Objekten (darunter auch Archivalien) europäischer Kultureinrichtungen, (v.a. Archive, Bibliotheken, Museen (https://www.europeana.eu/de, 1.8.2023).

7. Schluss

Bedeutung des Archivs

Die Bedeutung des Archivs für eine demokratische Gesellschaft ist unbestritten. Die vielfältigen Potenziale des Archivs als Lernort sind klar erkennbar. Sie erlauben Schülerinnen und Schülern direkte Zugänge zur historischen Überlieferung, ermöglichen die Klärung eigener Fragen und damit eigene Einsichten in die Vergangenheit. Schülerinnen und Schüler werden in jedem Alter als Forschende ernst genommen und bilden durch die zwar begleitete, immer aber auch eigentätige Auswertung und Auseinandersetzung mit Originalen mediale, geschichtskulturelle und letztlich demokratische Mündigkeit aus. Es steckt also viel drin im historischen Lernort Archiv.

Ausblick

In dem vorliegenden Band wurde versucht, die vielfältigen Wege ins Archiv aufzuzeigen wie auch die vielfältigen Möglichkeiten im Archiv auszuleuchten. Er versteht sich als Türöffner und möchte zur Nutzung und Einbindung dieses Ortes in Lern- und Bildungsprozesse anregen. Denn das Potenzial ist bei weitem noch nicht ausgeschöpft: in Schulen und bei Lehrkräften sind noch manche Hemmschwellen und Berührungsängste abzubauen, seitens der Schulministerien sollte der Lernort viel konsequenter in den Lehr- und Bildungsplänen verankert werden, in der Geschichtsdidaktik sind vertiefende Untersuchungen und weiterführende Diskurse zur Archivpädagogik und Archivdidaktik wünschenswert und die Archive und Archivträger sollten ihre Einrichtungen durch den strukturellen und personellen Ausbau des eigenen Bildungsauftrages noch weiter stärken. Dann kann der historische Lernort Archiv einen nachhaltigen Beitrag auch für die Lernkultur im 21. Jahrhundert leisten.

8. Literatur

Eine umfangreiche, aktualisierte Bibliographie zur Archivpädagogik findet sich auf der Website des „Arbeitskreises Archivpädagogik und Historische Bildungsarbeit im VdA" (https://www.vda.archiv.net/archivpaedagogen/bibliographie.html, 1.8.2023).

Aspelmeier, Jens/Hirsch, Volker, Archivdidaktik als Aufgabe des Bürgerarchivs, in: Aspelmeier, Jens (Hg.), Transparenz für die Bürger? Perspektiven historischer Öffentlichkeits- und Bildungsarbeit in Archiven. Beiträge zum 17. Archivwissenschaftlichen Kolloquium der Archivschule Marburg. Veröffentlichungen der Archivschule Marburg, Band 57, Marburg 2014, S. 13–30.

Aspelmeier, Jens, „Geschichte selber erkunden" – Geschichtsdidaktische Überlegungen zu Chancen und Grenzen Historischen Lernens im und mit dem Archiv, in: Der Archivar 72 (2019), H.2, S. 105–107.

Aspelmeier, Jens/Beck, Wolfhart/Erdmann, Philipp, Archiv.macht. Demokratie, in: Geschichte in Wissenschaft und Unterricht 73 (2022) H.5/6, S. 245–259.

Aures, Frank, Voll in der Schusslinie. Vom schwierigen Umgang mit dem Konzentrationslager Hersbruck, in: Frevert, Ute (Hg.), Geschichte bewegt. Über Spurensuche und die Macht der Vergangenheit, Hamburg 2006, S. 25–37.

Barricelli, Michele/Gautschi, Peter/Körber, Andreas, Historische Kompetenzen und Kompetenzmodelle, in: Barricelli, Michele/Lücke, Martin (Hg.), Handbuch Praxis des Geschichtsunterrichts, Bd. 1, 2. Auflage, Schwalbach/Ts. 2017, S. 207–235.

Beck, Friedrich, Schrift, in: Beck, Friedrich/Henning, Eckart (Hg.), Die archivalischen Quellen. Mit einer Einführung in die Historischen Hilfswissenschaften, 5. erweiterte und aktualisierte Auflage, Köln/Weimar/Wien 2012, S. 225–276.

Beck, Wolfhart, Die Geschichts-AG. Schüler auf historischer Spurensuche, in: Messner, Rudolf (Hg.), Schule forscht. Ansätze und Methoden zum forschenden Lernen, Hamburg 2009 , S. 192–199.

Beck, Wolfhart, Schüler forschen im Archiv. Ein archivpädagogischer Führer für Schülerinnen und Schüler durch das Landesarchiv NRW Abteilung Westfalen, Veröffentlichungen des Landesarchivs Nordrhein-Westfalen 29, Düsseldorf 2010.

Beck, Wolfhart, Von sprechenden Urkunden und der Dramaturgie einer Akte. Inszenierungen von Geschichte als archivpädagogischer Ansatz, in: Aspelmeier, Jens (Hg.), Transparenz für die Bürger? Perspektiven historischer Öffentlichkeits- und Bildungsarbeit in Archiven, Beiträge zum 17. Archivwissenschaftlichen Kolloquium der Archivschule Marburg. Veröffentlichungen der Archivschule Marburg, Band 57, Marburg 2014, S. 183–203.

Beck, Wolfhart, Geschichte im Archiv, in: Günther-Arndt, Hilke/Handro, Saskia (Hg.), Geschichtsmethodik, 7. Auflage, Berlin 2018, S. 125–130.

Beck, Wolfhart/Fiedler, Heike/Rudnik, Martina, Viele Wege führen in die Geschichte. Archivpädagogische Zugänge im Landesarchiv NRW, in: Der Archivar 72 (2019), H.2, S. 108–112.

Berg, Nicolas, Geschichte des Archivs im 20. Jahrhundert, in: Lepper, Marcel/Raulff, Ulrich (Hg.), Handbuch Archiv. Geschichte, Aufgaben, Perspektiven, Stuttgart 2016, S. 57–75.

Bernhardt, Markus/Conrad, Franziska, Sprachsensibler Geschichtsunterricht. Sprachliche Bildung als Aufgabe des Faches Geschichte, in: Geschichte lernen 182 (2018), S. 2–9.

Bernsen, Daniel, Arbeiten mit digitalen Quellen im Geschichtsunterricht, in: Bernsen, Daniel/Kerber, Ulf (Hg.), Praxishandbuch Historisches Lernen und Medienbildung im digitalen Zeitalter, Opladen/Berlin/Toronto 2017, S. 295–303.

BKK – Bundeskonferenz der Kommunalarchive, Positionspapier „Historische Bildungsarbeit als integraler Bestandteil der Aufgaben des Kommunalarchivs“, 2005 (http://www.bundeskonferenz-kommunalarchive.de/empfehlungen/Positionspapier_Historische_Bildungsarbeit.pdf, 1.8.2023).

Brenner-Wilczek, Sabine/Cepl-Kaufmann, Gertrude/Plassmann, Max, Einführung in die moderne Archivarbeit, Darmstadt 2006.

Bröckling, Christiane, Archive und Schulen werden Bildungspartner NRW. Initiative zur Stärkung der Zusammenarbeit startet im Juli, in: Der Archivar 64 (2011), H. 2, S. 185–187.

Danker, Uwe/Schwabe, Astrid, Geschichte im Internet, Stuttgart 2017.

Danker, Uwe/Schwabe, Astrid, Potenziale des Fachs Geschichte für Kompetenzerwerb in der digitalisierten Welt. Ein pragmatischer und fachbezogener Zugang, in: Geschichte in Wissenschaft und Unterricht 71 (2020), H.7/8, S. 414–434.

Dauks, Sigrid, „Aus den Akten auf die Bühne". Inszenierungen in der archivischen Bildungsarbeit, Historische Bildungs- und Öffentlichkeitsarbeit Bd. 2, Berlin 2010.

Dittmer, Lothar/Tetzlaff, Sven, Jugendliche forschen vor Ort. Zur Geschichte einer Bewegung, in: Frevert, Ute (Hg.), Geschichte bewegt. Über Spurensuche und die Macht der Vergangenheit, Hamburg 2006, S. 164–198.

Exner, Peter/Schaupp, Monika/Schneider, Julia/Schweizer, Verena/Strauß, Christof/Teuchert, Felix, Echte Geschichte entdecken, in: Geschichte in Wissenschaft und Unterricht 73 (2022), H. 5/6, S. 273–285.

Franz, Eckhart G., Einführung in die Archivkunde, ergänzt und fortgeführt von Thomas Lux, 9. völlig überarbeitete und erweiterte Auflage, Darmstadt 2018.

Freund, Susanne, Archivdidaktik – Bestandsaufnahme und Zukunftsperspektive, in: Zeitschrift für Museum und Bildung 74 (2011/12), S. 8–22.

Freund, Susanne, Offene Archive als Leistungsträger der Gesellschaft. Neue Tendenzen in der Historischen Bildungsarbeit und Archivpädagogik, in: Der Archivar 70 (2017), H.3, S. 266 f.

Gautschi, Peter, Guter Geschichtsunterricht. Grundlagen, Erkenntnisse, Hinweise, 3. durchgesehene und korrigierte Auflage, Schwalbach/Ts. 2015.

Geiger, Wolfgang, „Trau keiner digitalen Quelle!" Quellen und Kritik im Zeitalter der Digitalisierung als Herausforderung auch für die Wissenschaftspropädeutik an der Schule, 2018 (http://www.geschichtslehrerverbandhessen.de/Quellenkritik_Digitalisierung.pdf, 1.8.2023).

Gillner, Bastian, Offene Magazine und lebhafte Lesesäle. Ein Blick auf die Archive des Jahres 2050, in: Archivpflege in Westfalen-Lippe 74 (2011), S. 7–11.

Gillner, Bastian, Offene Archive. Archive, Nutzer und Technologie im Miteinander, in: Der Archivar 71 (2018), H.1, S. 13–21.

Günther-Arndt, Hilke, Umrisse einer Geschichtsmethodik, in: Günther-Arndt, Hilke/Handro, Saskia (Hg.), Geschichtsmethodik, 7. Auflage, Berlin 2018, S. 9–23.

Hamann, Christoph, Bildquellen im Geschichtsunterricht, in: Barricelli, Michele/Lücke, Martin (Hg.), Handbuch Praxis des Geschichtsunterrichts, Bd. 2., 2. Aufl., Schwalbach/Ts. 2017, S. 108–124.

Handro, Saskia: Archiv und Schule. Chancen historischer Bildung, in: Landschaftsverband Rheinland (Hg.), Archive als Bildungspartner, Bonn 2012, S. 114–129.

Handro, Saskia, Schriftliche Quellen – Lesen zwischen den Zeilen, in: Sauer, Michael (Hg.), Spurensucher. Ein Praxishandbuch für historische Projektarbeit, Hamburg 2014, S. 127–149.

Handro, Saskia, Historische Erkenntnisverfahren, in: Günther-Arndt, Hilke/Handro, Saskia (Hg.), Geschichtsmethodik, 7. Auflage, Berlin 2018a, S. 24–43.

Handro, Saskia, Quellen interpretieren, in: Günther-Arndt, Hilke/ Handro, Saskia (Hg.), Geschichtsmethodik, 7. Auflage, Berlin 2018b, S. 151–166.

Handro, Saskia, Kinder und Jugendliche machen Geschichte! Geschichtswettbewerbe als partizipative Ressource, in: Minner, Kathrin (Hg.), Public History in der Regional- und Landesgeschichte, Westfälische Forschungen 69 (2019), Münster 2019, S. 295–327.

Handro, Saskia/Schönemann, Bernd, Sprachsensibler Geschichtsunterricht als geschichtsdidaktische Forschungsaufgabe, in: Dies. (Hg.), Sprachsensibler Geschichtsunterricht. Geschichtsdidaktische Forschungsperspektiven und -befunde, Geschichtskultur und Historisches Lernen, Bd. 23, Berlin 2022, S. 7–26.

Hannig, Jürgen, Regionalgeschichte und Auswahlproblematik, in: Geschichtsdidaktik 9 (1984), H.1, S. 131–141.

Hartmann, Josef, Urkunden, in: Beck, Friedrich/Henning, Eckart (Hg.), Die archivalischen Quellen. Mit einer Einführung in die Historischen Hilfswissenschaften, 5. erweiterte und aktualisierte Auflage, Köln/Weimar/Wien 2012, S. 25–54.

Henke-Bockschatz, Gerhard, Forschend-entdeckendes Lernen, in: Mayer, Ulrich/Pandel, Hans-Jürgen/ Schneider, Gerhard (Hg.), Handbuch Methoden im Geschichtsunterricht, 5. Auflage, Schwalbach/Ts. 2016, S. 15–29.

Henning, Eckart, Selbstzeugnisse, in: Beck, Friedrich/Henning, Eckart (Hg.), Die archivalischen Quellen. Mit einer Einführung in die Historischen Hilfswissenschaften, 5. erweiterte und aktualisierte Auflage, Köln/Weimar/Wien 2012, S. 135–144.

Jäger, Jens, Fotografie und Geschichte, Frankfurt/M. 2009.

Jah, Akim/Menschick, Katharina/Moller, Sabine/Vogt Margit, Forschend-entdeckendes Lernen und digitale Tools. Zur Archivpädagogik der Arolsen Archives, in: Geschichte in Wissenschaft und Unterricht 73 (2022), H. 5/6, S. 260–272.

Janowitz, Axel, Demokratielernen durch Akteneinsicht? Die Stasi-Unterlagen und ihre Rolle im Transformations- und Einigungsprozess seit 1990 als Lerngegenstand, in: Geschichte in Wissenschaft und Unterricht 73 (2022), H. 5/6, S. 286–299.

Jeismann, Karl-Ernst, „Geschichtsbewusstsein" als zentrale Kategorie der Didaktik des Geschichtsunterrichts, in: Ders.: Geschichte und Bildung. Beiträge zur Geschichtsdidaktik und zur Historischen Bildungsforschung, hg. und eingeleitet von Wolfgang Jacobmeyer und Bernd Schönemann, Paderborn 2000, 46–72.

John, Anke, Lokal- und Regionalgeschichte, Frankfurt/M. 2018.

Kästner, Alexander, Das Archiv als historisches Labor. Wo bleibt die universitäre Lehre in der Archivpädagogik?, in: Sächsisches Archivblatt 2019, Heft 1, S. 26–29.

Kerber, Ulf, Medientheoretische und medienpädagogische Grundlagen einer „Historischen Medienkompetenz", in: Demantowsky, Marko/Pallaske, Christoph (Hg.), Geschichte lernen im digitalen Wandel, Berlin/München/Boston 2015, S. 105–134.

Kerber, Ulf, Historische Medienbildung – ein transdisziplinäres Modell für den Geschichtsunterricht, in: Bernsen, Daniel/Kerber, Ulf (Hg.), Praxishandbuch Historisches Lernen und Medienbildung im digitalen Zeitalter, Opladen/Berlin/Toronto 2017, S. 45–82.

Kistenich, Johannes/Frank, Monika, Geschichte in der Werkstatt. Archivpädagogische Angebote zum Thema Konservieren und Restaurieren von Kulturgut, in: Der Archivar 64 (2011), H. 1, S. 126–130.

Kluttig, Thekla, Die Citizen Science Strategie 2020 für Deutschland und die Archive, in: Verband deutscher Archivarinnen und Archivare (Hg.), Kompetent! – Archive in der Wissensgesellschaft. Tagungsdokumentation zum 86. Deutschen Archivtag in Koblenz, Fulda 2018, S. 33–41.

KMK – Ständige Konferenz der Kultusminister der Länder, Erinnern für die Zukunft. Empfehlungen zur Erinnerungskultur als Gegenstand historisch-politischer Bildung in der Schule, 2014 (https://www.kmk.org/fileadmin/Dateien/veroeffentlichungen_beschluesse/2014/2014_12_11-Erinnern_fuer-die-Zukunft.pdf, 1.8.2023).

KMK – Ständige Konferenz der Kultusminister der Länder, Bildungspläne/Lehrpläne im Internet, 2023, (https://www.kmk.org/dokumentation-statistik/rechtsvorschriften-lehrplaene/uebersicht-lehrplaene.html, 1.8.2023).

Kuhn, Bärbel/Weipert, Matthias, Region und außerschulische Lernorte. Zur Einführung, in: Dies. (Hg.), Region und außerschulische Lernorte im Geschichtsunterricht, St. Ingbert 2018 (Historia et Didactica, Bd.11), S. 9–14.

Lange, Thomas (Hg.), Geschichte – selbst erforschen. Schülerarbeit im Archiv, Weinheim und Basel 1993.

Lange, Thomas/Lux, Thomas, Historisches Lernen im Archiv, Schwalbach/Ts. 2004.

Link, Roswitha, Lernort Archiv, in: Schönemann, Bernd u.a. (Hg.), Geschichtsbewusstsein und Methoden historischen Lernens, Weinheim 1998, S. 238–245.

Link, Roswitha, Lernort Archiv – Kompetenzorientierung und Historische Bildung im Archiv, in: Archivpflege in Westfalen-Lippe 76 (2012), S. 2–8.

Link, Roswitha, „Heute geh'n wir ins Archiv …". Lernangebote im außerschulischen Lernort Archiv, 2014 (http://lernen-aus-der-geschichte.de/Lernen-und-Lehren/content/10640, 1.8.2023).

Lütteken, Anett, Aufklärung und Historismus, in: Lepper, Marcel/Raulff, Ulrich (Hg.), Handbuch Archiv. Geschichte, Aufgaben, Perspektiven, Stuttgart 2016, S. 45–56.

Matschenz, Andreas, Karten und Pläne, in: Beck, Friedrich/Henning, Eckart (Hg.), Die archivalischen Quellen. Mit einer Einführung in die Historischen Hilfswissenschaften, 5. erweiterte und aktualisierte Auflage, Köln/Weimar/Wien 2012, S. 145–156.

Messner, Rudolf, Forschendes Lernen aus pädagogischer Sicht, in: Ders. (Hg.), Schule forscht. Ansätze und Methoden zum forschenden Lernen, Hamburg 2009, S. 15–39.

Minner, Katrin (Hg.), Ran an die Quellen. Eine Einführung in die studentische Archivarbeit, Veröffentlichungen des Landesarchivs Nordrhein-Westfalen, Band 58, Duisburg 2015.

Müller-Hennig, Markus, Archivpädagogik und Demokratisierung, in: Karpa, Dietrich/Overwien, Bernd/Plessow, Oliver (Hg.), Außerschulische Lernorte in der politischen und außerschulischen Bildung, Erfahrungsorientierter Politikunterricht Bd. 8, Kassel 2015, S. 87–106.

Murken, Jens, Historische Bildungsarbeit-Öffentlichkeitsarbeit. Eine theoretische Annäherung, in: Der Archivar 60 (2007), H. 2, S. 131–135 (zugleich in: Ders., Archivpädagogik und Historische Bildungsarbeit. Gesammelte Beiträge zu Methode und Praxis, Bielefeld, 2020 S. 25–39).

Murken, Jens, Mit Schülerinnen und Schülern auf Spurensuche. Archivische Vorbereitung und Begleitung von Geschichtswettbewerben, in: Ders., Archivpädagogik und Historische Bildungsarbeit. Gesammelte Beiträge zu Methode und Praxis, Bielefeld 2020, S. 57–75.

Pandel, Hans-Jürgen, Quelleninterpretation. Die schriftlichen Quelle im Geschichtsunterricht, 4. Auflage Schwalbach/Ts. 2012.

Pandel, Hans-Jürgen, Geschichtsdidaktik. Eine Theorie für die Praxis, Schwalbach/Ts. 2013.

Pandel, Hans-Jürgen, Quelleninterpretation, in: Mayer, Ulrich/Pandel, Hans-Jürgen/ Schneider, Gerhard(Hg.), Handbuch Methoden im Geschichtsunterricht, Schwalbach/Ts, 5. Auflage 2016a, S. 152-171.

Pandel, Hans-Jürgen, Bildinterpretation, in: Mayer, Ulrich/Pandel, Hans-Jürgen/Schneider, Gerhard (Hg.), Handbuch Methoden im Geschichtsunterricht, 5. Auflage, Schwalbach/Ts. 2016b, S. 172–187.

Pfanzelter, Eva, Analoge vs. digitale Quellen. Eine Standortbestimmung, in: Bernsen, Daniel/Kerber, Ulf (Hg.), Praxishandbuch Historisches Lernen und Medienbildung im digitalen Zeitalter, Opladen/Berlin/Toronto 2017, S. 85–94.

Pleitner, Berit, Geschichte im Museum, in: Günther-Arndt, Hilke/ Handro, Saskia (Hg.), Geschichtsmethodik, 7. Auflage, Berlin 2018, S. 117–124.

Prantl, Heribert, Das Gedächtnis der Gesellschaft. Die Systemrelevanz der Archive. Warum Archivare Politiker sind, in: Verband deutscher Archivarinnen und Archivare (Hg.), Alles was Recht ist. Archivische Fragen – juristische Antworten. Tagungsdokumentation zum 81. Deutschen Archivtag in Bremen, Fulda 2012, S. 17–27.

Rehm, Clemens, Archiv. Lernort. Erlebnisort. Eine archivpädagogische Standortbestimmung, in: Maier, Gerald/Rehm, Clemens (Hg.), Archive heute – Vergangenheit für die Zukunft. Archivgut, Kulturerbe, Wissenschaft, Stuttgart 2018, S. 89–110.

Renz, Johannes, Blogs, in: Südwestdeutsche Archivalienkunde, 2017a (https://www.leo-bw.de/web/guest/themenmodul/sudwestdeutsche-archivalienkunde/archivaliengattungen/web-unterlagen/blogs, 1.8.2023).

Renz, Johannes, Webseiten, in: Südwestdeutsche Archivalienkunde, 2017b (https://www.leo-bw.de/web/guest/themenmodul/sudwestdeutsche-archivalienkunde/archivaliengattungen/web-unterlagen/webseiten, 1.8.2023).

Rohdenburg, Günther (Hg.), „Öffentlichkeit herstellen – Forschen erleichtern!" 10 Jahre Archivpädagogik und historische Bildungsarbeit. Vorträge zur Didaktik, Kleine Schriften des Staatsarchivs Bremen 24, Bremen 1996.

Rohdenburg, Günther, „… sowohl historisch als auch pädagogisch, didaktisch und archivarisch qualifiziert …" Zur Geschichte der „Archivpädagogen" als Mitarbeiter der historischen Bildungsarbeit an Archiven, in: Der Archivar 53 (2000), H. 2, S. 225–229.

Rosenkötter, Bernhard, Vom Nutzen und Nachteil der Digitalisate für die Archivpädagogik, in: Geschichte in Wissenschaft und Unterricht 73 (2022), H.5/6, S. 300–312.

Rüsen, Jörn, Historisches Lernen. Grundlagen und Paradigmen. 2., überarbeitete und erweiterte Auflage, Schwalbach/Ts. 2014.

Sauer, Michael, Bilder im Geschichtsunterricht. Typen, Interpretationsmethoden, Unterrichtsverfahren, 6. Auflage, Seelze-Velber 2022.

Schaller, Annekatrin, Anspruch und Wirklichkeit. Archivpädagogik in Deutschland heute, in: Der Archivar 72 (2019), H.2, S. 102–104.

Schmid, Gerhard, Akten, in: Beck, Friedrich/Henning, Eckart (Hg.), Die archivalischen Quellen. Mit einer Einführung in die Historischen Hilfswissenschaften, 5. erweiterte und aktualisierte Auflage, Köln/Weimar/Wien 2012, S. 89–124.

Schneider, Gerhard, Das Plakat, in: Pandel, Hans-Jürgen/Schneider, Gerhard (Hg.), Handbuch Medien im Geschichtsunterricht. Schwalbach/Ts. 1999, S. 277–338.

Schöggl-Ernst, Elisabeth/Stockinger, Thomas/Wührer, Jakob, Die Zukunft der Vergangenheit in der Gegenwart. Archive als Leuchtfeuer im Informationszeitalter. Einleitung, in: Dies. (Hg.), Die Zukunft der Vergangenheit in der Gegenwart. Archive als Leuchtfeuer im Informationszeitalter, Veröffentlichung des Instituts für Österreichische Geschichtsforschung Bd. 71, Wien 2019, S. 9–30.

Schönemann, Bernd, Geschichtsbewusstsein – Theorie, in: Barricelli, Michele/Lücke, Martin (Hg.), Handbuch Praxis des Geschichtsunterrichts, Bd. 1, 2. Auflage, Schwalbach/Ts. 2017, S. 98–111.

Schüler forschen im Archiv. Ein archivpädagogischer Führer für Schülerinnen und Schüler durch das Landearchiv Nordrhein-Westfalen, Veröffentlichungen des Landesarchivs Nordrhein-Westfalen, Band 57, Duisburg 2015.

Sturm, Beate, Schüler ins Archiv! Archivführungen für Schulklassen, Berlin 2008.

Theimer, Kate, Partizipation als Zukunft der Archive, in: Der Archivar 71 (2018), H.1, S. 6–12.

Völkel, Bärbel, Handlungsorientierung im Geschichtsunterricht, in: Barricelli, Michele/Lücke, Martin (Hg.), Handbuch Praxis des Geschichtsunterrichts, Bd. 2, 2. Auflage, Schwalbach/Ts. 2017, S. 37–49.

Wolfrum, Edgar, Quellen, Fakten, Urteile. Über die Werkstatt der Historikerinnen und Historiker, in: Praxis Geschichte 2007, H.3, S. 4–9.

Wolter, Heike, Forschend-entdeckendes Lernen im Geschichtsunterricht, Frankfurt/M. 2018.

Zülsdorf-Kersting, Meik, Gedenkstättenarbeit, in: Günther-Arndt, Hilke/Handro, Saskia (Hg.), Geschichtsmethodik, 7. Auflage, Berlin 2018, S. 139–144.